养老机构
服务安全基本规范
释解与案例

侯二朋◎著

YANG LAO JI GOU
FU WU AN QUAN
JI BEN GUI FAN
SHI JIE YU AN LI

中国法制出版社
CHINA LEGAL PUBLISHING HOUSE

序　　言

自2012年有缘结识养老服务业以来，笔者在养老服务业法律服务领域已耕耘七八年。怀着为养老服务业发展贡献一分力量的美好愿望，致力于养老法律服务的探索与实践，在此过程中不断被“养老人”的爱心真情所感动。我们真切希望养老人的爱心真情，能在法律的保护下持续传播正能量。

为养老服务业的发展插上法治的翅膀，让法律思维根植于养老机构院长的管理过程之中是我们一以贯之的追求和工作目标。为此我们关注养老服务领域新发布的法规、政策、标准，并及时进行分析解读，与养老人进行分享。

2019年12月27日，国家市场监督管理总局、国家标准化管理委员会发布公告，正式批准GB 38600—2019《养老机构服务安全基本规范》强制性国家标准并予以公布。这是我国养老服务领域第一项强制性国家标准，明确了养老机构服务安全“红线”，将有利于防范、排查和整治养老机构服务中的安全隐患，推进养老服务高质量发展。[①]看到这则消息时，笔者作为执业律师，意识到本标准对养老机构服务纠纷的预防与处理将具有重要意义，就萌发了想法，一定要结合这些年来的法律服务实践经验，写一本关于解读本标准的书，供养老机构管理人员参考。

近年来养老机构服务纠纷诉讼案件在不断增加，本标准会成为行政机关、司法机关判定养老机构在老年人伤亡事故中是否承担责任的重要依据。本标准的贯彻执行是养老机构当前一段时间内极为重要的任务。民政部提出到2020年年底60%养老机构达标的工作目标，[②] 有赖于全国养老人的共同努力。

养老机构要挥鞭策马，在两年的过渡期内，努力对标达标，将本标准的每一个条文都彻底落实。在此过程中，希望这本小书能为养老人提供些许智力支持。

本书从养老机构法律风险防范的视角，围绕《养老机构服务安全基本规范》（GB 38600—2019）（本书中简称“本标准”）的要求，将法律风险预防融入养老机构服务安

---

① 《市场监管总局 国家标准委发布〈养老机构服务安全基本规范〉强制性国家标准》，载民政部网站，http：//www. mca. gov. cn/article/xw/mzyw/202001/20200100022939. shtml，最后访问时间：2020 年 9 月 19 日。

② 《民政部 住房城乡建设部 国家卫生健康委 应急管理部 市场监管总局关于做好2020 年养老院服务质量建设专项行动工作的通知》，载民政部网站，http：//xxgk. mca. gov. cn：8011/gdnps/pc/content. jsp? id = 14094&mtype =，最后访问时间：2020 年 9 月 20 日。

全防范过程，为养老机构贯彻本标准提供若干思考路径，可以作为养老机构管理人员的一本参考用书。

本书由绪论、上篇本标准的释解、下篇养老机构服务纠纷案例评析三部分组成。绪论主要分析了养老机构服务的法律特征与法律机制以及本标准的框架结构和实施步骤，以帮助读者更好地从法律规定角度认识养老机构的服务。上篇本标准的释解，对本标准条文逐一进行了细致解读，以帮助读者更好地理解本标准的要求。下篇养老机构服务纠纷案例评析，精选了十五个养老机构涉诉案例，以与本标准的内容相结合进行综合分析，包括裁判要旨、关键词、法院认定事实、法院裁判、案例分析、相关规定等，使读者能从司法实践的视角来体会司法机关如何评价养老机构的服务，以期让读者更好地理解遵守本标准对养老机构服务安全防范的重要意义。

特别提示：本书的内容仅为笔者个人对本标准的理解和认识，目的在于为养老机构管理人员提供若干思考路径，可能存在缺点和不足，不作为解决具体法律问题的建议。如有具体法律问题，请您向专业律师咨询。

侯二朋

2021 年 9 月 20 日

目　　录

下篇　养老机构服务纠纷案例评析

绪　论

“安全重于泰山”，对养老机构来说绝非虚言。常听院长们说“最怕半夜电话铃响”，如履薄冰，心惊胆战。这种担心主要源于两方面：一方面是对养老机构面临哪些安全风险以及应采取哪些防范措施“心里没底”；另一方面是老年人伤亡事故处理过程和结果的不确定性，以及机构或主要管理人员会不会承担行政法律责任，甚至是刑事法律责任。这两方面的担心可以通过落实法律规定及相关的规范标准得到化解。从根本上来说，如果能做到依法合规运营，做到事事有据，谨慎履职，养老机构管理人员就无须担心和忧虑。即便发生安全事故，也可以得到妥善处置。

本标准为养老机构圈定了服务安全管理的基本范围。养老机构如果能把本标准的每一条要求细化并落实到日常管理、服务过程中去，形成相应的档案资料，基本的规范运营就做到了，虽不能高枕无忧，但足以做到“心里有底”。

在开始本标准的分析之前，我们先对养老服务的法律特征与机制及本标准的框架结构做些探讨，供养老机构管理人员思考。

从相关第三方[①]的角度来看，将老年人送往养老机构住养，一般目的在于找到一个愿意代替其承担照料老年人的服务组织，亲属在家里也可以对老年人提供照料，养老服务似乎非常简单，与通常的生活服务无异，没有任何专业性可言，但对养老机构来说绝非如此。养老服务有其特定的法律特征、科学的内在运作机制，从老年人能力评估到每一项服务的操作规范，都不是一两句话就可以说明白的。

养老机构对老年人及相关第三方对养老服务的认识偏差负有释明的责任。为了让老年人及相关第三方正确认识养老服务，便于在服务过程中取得老年人及相关第三方的支持和协助，养老机构应当自老年人及相关第三方咨询入住事宜开始，不遗余力地向其解释说明养老服务的内在运行机制，体现养老服务的专业性和科学性。

---

①　本书中的“相关第三方”内涵均与本标准的定义保持一致。在本标准中“相关第三方”的外延不仅包括老年人的近亲属，还包括对老年人负有法定职责的居委会、村委会、民政部门以及与老年人达成一致意思表示的意定监护人、遗赠抚养人、朋友等。《中华人民共和国民法典》第一千零四十五条第二款规定，配偶、父母、子女、兄弟姐妹、祖父母、外祖父母、孙子女、外孙子女为近亲属。

第一节 养老机构服务的法律特征

养老机构服务事关老年人的人身安全，法律法规及本标准对其有明确具体的强制性要求。养老机构的养老服务具有鲜明的法律特征，与一般的生活服务有显著不同。认识这些法律特征是防范与控制养老机构服务法律风险的基本前提。养老机构服务的法律特征主要有：

一、养老机构服务内容的法定性

养老机构的服务内容是由法律直接规定的。《养老机构管理办法》第十七条规定，养老机构按照服务协议为收住的老年人提供生活照料、康复护理、精神慰藉、文化娱乐等服务。养老机构提供服务的内容包括：

1. 生活照料服务：满足老年人生活需求的饮食、起居、清洁、卫生等生活照料服务。

2. 康复护理服务：根据老年人的需要及养老机构的服务能力，提供基础性的康复服务，并按照照料护理等级为老年人提供护理服务。

3. 精神慰藉服务：为老年人提供情绪疏导、心理咨询、危机干预等精神慰藉服务。

4. 文化娱乐服务：应当开展适合老年人的文化、教育、体育、娱乐活动，丰富老年人的精神文化生活。

这些服务内容在国家及各地制定的养老服务标准中不断细化，划定了养老机构的服务范围。养老机构需要根据法律规定和标准要求，结合本机构的服务能力和水平，制定本机构的服务内容和服务标准。

二、养老机构服务对老年人能力的弥补性

随着年龄的增长，老年人的自理能力、行为辨识能力会逐渐减弱。老年人的日常生活会逐步需要借助器械或其他人的帮助方能正常进行。养老机构服务的价值正在于弥补老年人日益减弱的行为辨识、活动能力，以满足老年人的日常生活需要。这就要求养老机构提供的服务与老年人的行为辨识、活动能力状况相匹配，所以养老机构针对个体老年人的行为辨识、活动能力确定的服务内容，老年人及相关第三方不具有可选择性。实践中有些老年人及相关第三方会基于费用等各方面因素考虑，要求养老机构减少提供服务内容或者认为有些服务不是必需的。为了尊重老年人的选择权与知情权，养老机构宜进行专门的安全风险告知，老年人因自身或相关第三方拒绝提供的服务内容遭受伤害的，应自担风险。

《养老机构管理办法》第十五条规定，养老机构应当建立入院评估制度，做好老年人身心健康状况评估，并根据评估结果确定照料护理等级。老年人身心状况发生变化，需要变更照料护理等级的，养老机构应当重新进行评估。这一规定就是基于养老机构服务对老年人能力的弥补性所作出的。

通过入院评估，对老年人的能力状况进行评价，目的在于确定老年人的能力丧失状况，进而确定从哪些方面弥补老年人的能力缺失，在此基础上确定老年人的服务内容。老年人及相关第三方可以提出养老机构确定服务内容以外的服务要求，以提高老年人的生活品质。

三、养老机构服务中老年人及相关第三方的复杂性

养老机构的直接服务对象是老年人。但相关第三方是养老服务过程中非常重要的角色。本标准对相关第三方的定义为“老年人配偶、监护人以及为老年人提供资金担保或委托代理的个人或组织”。这些个人或组织，既有对老年人存在法定赡养、扶养义务的人或单位，也有基于约定与老年人建立关系的个人或组织。他们在养老服务合同关系中的法律地位具有多重性。民政部、全国各地养老机构服务合同示范文本的当事人中不仅有甲方养老机构、乙方老年人，还有丙方，而且丙方的称谓有“担保人”“代理人”“联系人”“连带保证人”等数个法律称谓，这就是相关第三方复杂性的具体体现。

四、养老机构养老服务的医养互补性

老年人对医疗服务有多方面的需求。能便捷地获得医疗服务，是很多老年人选择养老机构考虑的重要因素。养

老机构可以为医疗机构提供客户；医疗机构治愈的老年人在康复期内也有护理服务的刚性需求。养老服务与医疗服务有很大的互补性。

随着对养老服务与医疗服务互补性认识的不断深入，结合多年的养老服务业发展实践，国家层面提出医养结合，让养老机构的养老服务与医疗机构的医疗服务能有机结合起来。总体来看，医养结合有三种模式：一种是养老机构内设医务室、护理院等医疗机构，这些医疗机构要么由养老机构直接运营管理，要么与其他医疗机构合作，由其他医疗机构运营管理；一种是相互独立的两个法人单位（养老机构和医疗机构）合作实现医养结合；还有一种是医疗机构内设养老机构提供养老服务。

医养结合是大势所趋。但如何结合、医与养的责任界限如何划定，都会成为重大课题。总体来看，如果医疗机构与养老机构分属于不同法人单位的，两家单位之间需要签订合作协议，以明确各自的权利义务内容，防止因权利义务不清晰，导致发生老年人伤亡事故无法界定医疗机构与养老机构责任的情形。从法律规定层面无法界定责任主体的，则两家单位面临承担共同赔偿责任的法律风险。

五、养老机构服务中人身伤害风险的多发性

我们查阅了近五年来北京、上海、浙江、江苏、广东等地的养老机构涉诉案例，初步统计结果显示养老机构涉诉案件中相当一部分是养老机构发生人身伤害事件所引发的。而且人民法院判决养老机构承担赔偿责任的案例占绝大多数，不承担责任的寥寥无几。

随着近年来养老机构涉诉案件的增加，司法机关对养老机构服务的认识也逐步深入，判决理由已从原来的偏重于法律条文分析，转为更多地从养老机构服务的内在机制来判定养老机构的责任。

第二节 养老机构服务机制的法律建构

养老机构的服务具有专业性，有其内在运行的机制，经历了由实践转化为法律法规的过程。《养老机构管理办法》对养老机构的服务机制作了具体规定。这些规定是对养老机构服务的最低限度要求，也是养老机构开展服务时的方向性指南。

一、养老机构对老年人的法定义务

在为养老机构提供法律服务的过程中，养老机构对其需要对老年人所负的法定义务认识存在片面性，普遍认为养老机构对老年人的义务就是生活照料义务。通过分析法律规定，可以看出养老机构对老年人所负的法定义务主要可以分成三类，即管理义务、照护义务、保护义务。

1. 管理义务

《养老机构管理办法》第五条规定，入住养老机构的老年人及其代理人应当遵守养老机构的规章制度，维护养老机构正常服务秩序。这里一方面规定了老年人入住养老机构后负有遵守规章制度的义务，另一方面也明确了养老机构对老年人的管理义务。

养老机构住养的老年人来自不同的生活环境，拥有不同的工作背景，年龄可能也相差很大，生活习惯更是千差万别，可以说一个养老机构就是一个小社会。老年人入住养老机构后面临多重社会关系需要处理，涉及其他老年人、护理员、行政工作人员、亲朋等。所以老年人既然选择了养老机构的集体生活，就需要遵守一定的规则。

养老机构要保障机构的稳定运营，把老年人管理好，让老年人都遵守合理、有效的规则是非常重要的。这不仅是法律的规定，也是养老机构运营的客观需要。

2. 照护义务

这是养老机构应尽的核心义务。养老机构对老年人的照护义务体现在生活照料、娱乐活动、精神慰藉等方面，有医疗服务能力的，也包括医疗服务、康复服务。

3. 保护义务

老年人的自我保护能力会越来越差。养老机构不仅负有对老年人的管理义务、照护义务，还要从衣食住行娱等方面尽到保护义务。《养老机构管理办法》第二十二条第二款“养老机构开展文化、教育、体育、娱乐活动时，应当为老年人提供必要的安全防护措施”、第二十八条“养老机构应当实行24小时值班，做好老年人安全保障工作。养老机构应当在各出入口、接待大厅、值班室、楼道、食堂等公共场所安装视频监控设施，并妥善保管视频监控记录”以及第三十一条第一款“养老机构应当依法制定自然灾害、事故灾难、公共卫生事件、社会安全事件等突发事件应急预案，在场所内配备报警装置和必要的应急救援设备、设施，定期开展突发事件应急演练”等规定是养老机构负有保护义务的具体体现。本标准更是集中了对养老机构服务安全的要求。

二、养老机构服务的法律机制

《养老机构管理办法》中对养老机构服务的基本机制的规定，成为指导养老机构运营的基本指南。养老机构在服务过程中，应坚持按照《养老机构管理办法》规定的法律机制运行。

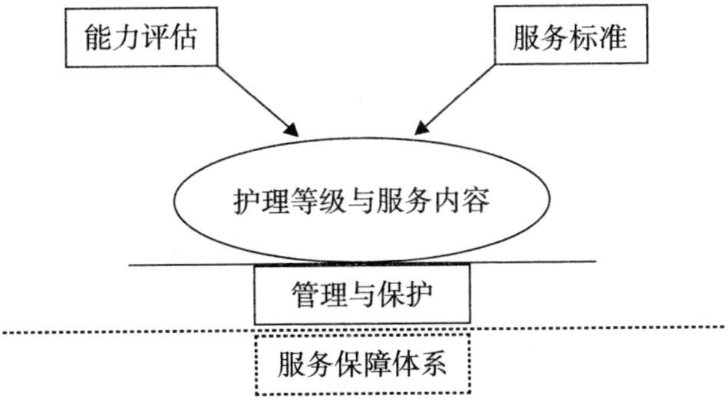

养老机构服务法律机制示意图

1. 对老年人的身心状况进行评估

养老机构的服务是建立在弥补老年人能力基础之上的。老年人的哪些能力需要弥补则是由养老机构按照科学的方法予以确定的。所以《养老机构管理办法》第十五条规定，养老机构应当建立入院评估制度，对老年人的身心状况进行评估，并根据评估结果确定照料护理等级。在老年人入住养老机构前，应对老年人进行身心健康状况评估，随着时间推移，还应根据老年人身心状况的变化进行动态评估。

民政部发布的《老年人能力评估》（MZ/T 039—2013）是目前最值得参考的依据。北京发布的地方标准《养老机构老年人健康评估规范》（DB11/T305—2014）及上海发布的地方标准《老年照护等级评估要求》（DB31/T684—2013）也可以参考。养老机构可以参照上述标准，结合自身实际情况制定本机构的评估标准，以更合理、恰当地对老年人的能力状况进行评估。

2. 实施分级分类服务

2020 年 11 月 1 日起实施的《养老机构管理办法》虽删除了“实施分级分类服务”的内容，但实际上，老年人的能力、精神状况不同，使得养老机构必须开展分级分类服务，从身体状况方面可以分成自理、介助、介护；从智力状况方面可以分成失智、半失智。通过对老年人能力状况的评估，确定老年人所需的照料护理等级与服务内容。

养老机构应根据发展战略规划和服务能力，事先按照国家标准、行业标准的要求和规范制定收住老年人的照料护理等级与服务内容，并与老年人能力评估标准相匹配。在服务过程中，可以根据具体情况对照料护理等级与服务内容进行调整，在调整时应及时与老年人及相关第三方做好沟通工作。

3. 服务质量应达到本标准或者约定标准的要求

养老机构的服务质量状况必须有标准进行评判。服务质量评判标准既是养老机构日常服务管理的需要，也是在与老年人及其关系人发生争议时确定养老机构是否应承担责任的依据。养老机构对此应特别重视。

2014 年 1 月，民政部等部门发布了《关于加强养老服务标准化工作的指导意见》，提出到 2020 年要基本建成国家层面的养老服务标准体系。近几年来国家层面也发布了一些有关养老服务的标准，如《养老机构服务质量基本规范》（GB/T 35796—2017）、本标准等。各地方也积极根据自身需要推进养老服务的标准化建设，在这方面北京、上海、浙江、江苏等地走在全国前列。

除本标准外，目前已发布的国家标准、行业标准、地方标准都是推荐性标准，养老机构可以选择适用，也可以根据需要予以调整。唯有本标准是国家强制性标准，其将于2022年1月1日起施行，是养老机构必须遵守的。如果养老机构根据推荐性标准制定本机构的执行标准，并通过养老服务合同约定执行的服务标准，则发生争议时这些推荐性标准可以作为人民法院裁判案件的参考依据。但是于本标准而言，养老机构不能选择适用，必须以不低于本标准的要求为老年人提供服务。

4. 管理与保护

关于养老机构应尽的管理与保护义务在前面已加以分析。管理与保护是养老机构实施照料服务的基础性工作，也是照料服务能正常运行的直接保障。

5. 服务保障体系

养老机构得以运营还有赖于财务部门、人力资源管理部门、采购部门等间接性为服务提供保障的组织。这些组织的相互配合为养老机构服务提供支持，构成了服务保障体系。本书对养老机构的服务保障体系不作探讨。

第三节　本标准的框架结构及其实施步骤

本标准是养老服务领域第一个国家强制性标准。它不仅是行政机关对养老机构进行监督管理的重要依据，也将成为司法机关裁判老年人伤亡事故案件的重要依据。在2022年1月1日实施之前，国家设定了两年的过渡期。在过渡期内，所有养老机构都应达标。养老机构如果能达到本标准的要求，在老年人伤亡事故的处理中会占有比较有利的地位，也会减少事故发生的概率。

一、本标准的框架结构

本标准一共2000余字。字数不多，内涵丰富。主体内容为四部分，包括基本要求、安全风险评估、九项安全风险的防范措施（简称“九防”）、管理要求，具体如下表：

主体结构	具体内容
基本要求	规定了服务设施应符合国家相关的强制性标准，养老护理员需要培训合格后上岗，以及交接班、巡查、禁烟等基本服务要求。
安全风险评估	规定了须进行安全风险评估的事项、评估指标以及相应的等级划分要求。
“九防”	规定了噎食、食品药品误食、压疮、烫伤、坠床、跌倒、他伤和自伤、走失、文娱活动意外九项安全风险的防范措施。
管理要求	规定了对应急预案制定、评价改进、安全教育的要求。

二、本标准的实施

养老机构应当把本标准的实施作为一项重要的工作来抓，在两年的过渡期内对标达标，使本标准的每一项要求均得到贯彻落实。在此过程中，需要建立本标准持续达标的评价制度，把贯彻本标准作为一项长期的工作来做。

贯彻本标准可以按照法律风险管理的方法来操作。首先根据本标准的要求，明确贯彻本标准可以达成的目标，瞄准方向。再根据目标制定具体的工作方案，使得贯彻本标准具有可操作性。工作方案可以将贯彻本标准主要分解成如下步骤：

1. 动员全体员工

让员工认识到本标准的重要性和法律意义，从主观上调动员工的积极性。没有全体主要员工的支持，是无法达到目标的。要在养老机构内部形成学习本标准、贯彻本标准的氛围。

2. 调查摸底

对照本标准及《养老机构管理办法》《养老机构服务质量基本规范》等法规、标准的要求，对机构内部服务安全风险状况进行摸底调查，以了解机构内部服务安全风险的漏洞、与本标准的要求差距之所在，形成服务安全风险调查评估报告。

3. 制定整改方案

依据服务安全风险调查评估报告制定机构的整改方案。在制定方案过程中，要注意吸收各部门员工的意见，按照本标准的要求优化、完善机构的规章制度、工作台账、操作规范，梳理工作流程。

4. 实施整改方案

通过培训、督导等方式将整改方案在机构内部予以实施。在实施过程中可以根据情况进行调整。

5. 方案实施评价

整改方案实施之后三个月至六个月期间，需要进行一次方案实施评价，以确定本标准的要求是否均满足、最初确定的目标是否达到，同时对发现的问题进行再次整改。

工作方案执行完毕后，初步贯彻本标准的工作基本结束。之后按照本标准的要求，每半年对机构的安全风险进行一次评估，以发现机构的服务安全风险防范工作是否满足本标准的要求，不断进行调整完善。

在贯彻本标准过程中，养老机构如果希望得到专业人员支持，可以寻求第三方合作。

上　篇

《养老机构服务安全基本规范》释解

前　言

【标准的法律性质】[①] 本标准的全部技术内容为强制性。

条文主旨

本条文规定了本标准内容的法律性质。

条文释解

本条文明确规定本标准的全部技术内容为强制性，即第4部分“基本要求”至第7部分“管理要求”的内容均为强制性规定。

一、养老服务属于应制定强制性国家标准进行规范的事项

《中华人民共和国标准化法》第十条规定，对保障人身健康和生命财产安全、国家安全、生态环境安全以及满

---

① 简要主旨为作者所拟，下同。

足经济社会管理基本需要的技术要求，应当制定强制性国家标准。养老服务事关老年人的人身健康及生命财产安全，对其技术要求，依法应当制定强制性国家标准。

二、养老机构必须执行本标准

根据《中华人民共和国标准化法》第二条规定，标准包括国家标准、行业标准、地方标准和团体标准、企业标准。国家标准分为强制性标准、推荐性标准，行业标准、地方标准是推荐性标准。强制性标准必须执行。国家鼓励采用推荐性标准。由此可见，法律对强制性、推荐性标准的执行强度要求不一样。强制性标准必须得到执行，不执行或执行不到位，将面临法律制裁。对推荐性标准，国家鼓励采用，是否采用由机构决定。

在2022年1月1日前所有养老机构都必须达到本标准的要求。养老服务安全管理不符合本标准要求的，地方民政部门有权将其列为重点关注对象，加大监督检查力度。根据自2020年6月1日起实施的《养老服务市场失信联合惩戒对象名单管理办法（试行）》第七条规定，违反强制性国家标准，但尚未被行政处罚或者刑事处罚的，地方民政部门应当将其列入本辖区重点关注对象名单，重点关注对象名单有效期为6个月。重点关注期内，民政部门应当对重点关注名单对象加大监督检查力度，增加抽查检查频次。

三、服务安全不符合本标准的养老机构将面临法律风险

（一）承担民事责任的风险

《中华人民共和国标准化法》第三十六条规定，提供服务不符合强制性标准的，依法承担民事责任。可见，强制性标准是作为判断机构是否承担民事责任的依据之一。与法律法规相比，强制性标准更具体、明确，更有可执行性。养老机构提供的服务不符合本标准，且造成老年人伤亡事故的，需要对老年人及相关第三方承担民事赔偿责任。

（二）承担行政责任、刑事责任的风险

《中华人民共和国标准化法》第三十七条规定，提供服务不符合强制性标准的，依照《中华人民共和国消费者权益保护法》等法律、行政法规的规定查处，记入信用记录，并依照有关法律、行政法规的规定予以公示；构成犯罪的，依法追究刑事责任。《养老机构管理办法》第四十六条规定，养老机构及其工作人员未按照有关强制性国家标准提供服务的，由实施许可的民政部门责令改正，给予警告；构成违反治安管理行为的，依法给予治安管理处罚；构成犯罪的，依法追究刑事责任。

养老机构从主观上应重视本标准，行动上必须按照本标准的各项条款执行，且应定期对服务安全情况进行评估改进，使服务安全持续满足本标准的要求。

【标准的起草规则】 本标准按照 GB/T 1.1—2009 给出的规则起草。

条文主旨

本条文规定了本标准起草的规则。

条文释解

该条文明确了制定本标准所依据的规则是《标准化工作导则 第 1 部分：标准的结构和编写》（GB/T 1.1—2009）。该规则规定了标准的结构和编写规则，还给出了有关表述的一些样式，并提供了标准出版的格式和字体、字号，适用于国家标准、行业标准和地方标准的编写和出版。同时企业标准和标准化指导性技术文件的编写可参照使用。该规则目前已被 2020 年 10 月 1 日起实施的《标准化工作导则 第 1 部分：标准化文件的结构和起草规则》（GB/T 1.1—2020）所替代。

【标准的主管单位】 本标准由中华人民共和国民政部提出并归口。

条文主旨

本条文规定了本标准由民政部负责管理。

条文释解

本条文明确了本标准由民政部依据其职责立项制定，并在实施过程中由其负责管理。

一、制定国家标准的程序规定

《中华人民共和国标准化法》第十条第二款规定，国务院有关行政主管部门依据职责负责强制性国家标准的项目提出、组织起草、征求意见和技术审查。国务院标准化行政主管部门负责强制性国家标准的立项、编号和对外通报。国务院标准化行政主管部门应当对拟制定的强制性国家标准是否符合前款规定进行立项审查，对符合前款规定的予以立项。养老服务属于民政部主管，所以本标准由民政部提出，并由其归口管理。

二、本标准实施过程中具体问题的咨询，由民政部负责答复

根据《强制性国家标准管理办法》第四十一条第四款的规定，属于强制性国家标准实施过程中有关具体问题的咨询，由组织起草部门研究答复。本标准由民政部组织起草。所以本标准实施过程中，养老机构就有关问题需要咨

询的，应向民政部门提出。

三、民政部负责跟踪评估本标准的实施情况

根据《强制性国家标准管理办法》第四十四条的规定，民政部应当收集强制性国家标准实施效果和存在问题，及时研究处理，并对实施情况进行跟踪评估。定期组织对强制性国家标准实施情况进行统计分析，形成实施情况的统计分析报告。

四、民政部负责本标准的复审

民政部负责根据评估情况，对强制性国家标准进行复审，提出继续有效、修订或者废止的结论，并送国务院标准化行政主管部门。根据《强制性国家标准管理办法》第四十五条规定，复审周期一般不得超过五年。本标准实施后5年内，民政部应对本标准进行复审，届时可能会进行修改、增补。

1 范　围

【标准的主要内容】　本标准规定了养老机构服务安全的基本要求、安全风险评估、服务防护、管理要求。

条文主旨

本条文规定了本标准的主要内容、框架结构。

条文释解

养老机构在贯彻本标准时，应首先从总体上把握内容结构，了解本标准的逻辑体系。本标准首先提出了服务安全在硬件设施及基本服务方面的最低要求，其次要求养老机构应开展安全风险评估，并针对服务安全风险提出服务防护的具体措施，最后从管理上要求养老机构的安全风险防范工作要持续有效开展。

【标准的适用范围】 本标准适用于养老机构的服务安全管理。

条文主旨

本条文规定了本标准的适用范围。

条文释解

本条文明确了本标准用于规范养老机构的服务安全管理。养老机构在服务安全方面的工作需要守住本标准的底线。

2 规范性引用文件

【引用文件】 下列文件对于本文件的应用是必不可少的。凡是注日期的引用文件，仅注日期的版本适用于本文件。凡是不注日期的引用文件，其最新版本（包括所有的修改单）适用于本文件。

GB 2893 安全色

GB 2894 安全标志及其使用导则

条文主旨

本条规定了本标准引用的其他文件。

条文释解

需要特别注意的是，本标准引用的两个标准如果有最新内容的，需要按照最新内容执行。

3 术语和定义

下列术语和定义适用于本文件。

3.1 **【“相关第三方”定义】** 相关第三方

relevant third party

老年人配偶、监护人以及为老年人提供资金担保或委托代理的个人或组织。

注： 改写 GB/T 35796—2017，定义 3.4。

条文主旨

本条规定了“相关第三方”的外延。

条文释解

《养老机构服务质量基本规范》（GB/T 35796—2017）第 3.4 条将“相关第三方”定义为“为老年人提供资金担保，监护或委托代理责任的个人或组织，如亲属、村（居）委会、老年人原单位等”。两者的定义基本一致。

一、关于“相关第三方”的理解

（一）“相关第三方”的法律含义

把本标准及《养老机构服务质量基本规范》（GB/T 35796—2017）中“相关第三方”的定义进行拆分，可以发现“相关第三方”由以下三种人组成：

1. 老年人的配偶、监护人；

2. 为老年人提供资金担保的个人或组织；

3. 为老年人提供委托代理的个人或组织。

上述三种人从法律上的称谓来划分，可以分成两类，第1种、第3种为一类，都可以称为代理人，第1种为法定代理人，基于法律规定产生，第3种为委托代理人，基于老年人与受托人的共同意思表示而产生；第2种为一类，为担保人，仅为老年人在养老机构发生的费用提供担保，在实践中仅提供资金担保的相关第三方几乎不存在。

从“相关第三方”产生的依据来看，大体可以分为两类：一类是基于法律规定产生的第三方，因该第三方对老年人负有法定的义务而确定其为第三方；一类是基于约定形成的第三方，因老年人与该第三方具有共同的意思表示而确定其为第三方。

（二）基于法律规定产生的第三方

这些第三方都是老年人的法定监护人，除自己愿意担任监护人的外，不管其本人意愿如何，都必须承担监护责任。

根据《中华人民共和国民法典》第二十八条、第三十二条的规定，无民事行为能力或者限制民事行为能力的成年人，由下列有监护能力的人按顺序担任监护人：

1. 配偶；

2. 父母（包括养父母、继父母）、子女（包括养子女、继子女）；

3. 其他近亲属（包括兄弟姐妹、祖父母、外祖父母、孙子女、外孙子女）；

4. 其他愿意担任监护人的个人或者组织，但是须经被监护人住所地的居民委员会、村民委员会或者民政部门同意。

没有依法具有监护资格的人的，监护人由民政部门担任，也可以由具备履行监护职责条件的被监护人住所地的居民委员会、村民委员会担任。

这些法律规定的“第三方”是养老机构在签订养老服务合同中常常遇到，也比较容易处理的，可以在养老服务合同中直接列为一方当事人。

（三）基于约定产生的第三方

1. 没有法定监护资格的第三方

有些老年人由于没有子女、其他近亲属，与朋友或者其他远房亲戚达成一致，在老年人入住养老机构时，由该朋友或远房亲戚担任代理人，提供资金担保。但是这些朋友或者其他远房亲戚在老年人丧失全部或部分民事行为能力的情况下不是法定的监护人，考虑到老年人在养老机构住养事故的处理，养老机构一般不愿意接受这类人作为代理人。这在实践中形成了一个困局，如果养老机构不接收这些老年人入住，他们将无法实现到养老机构养老。实践中，我们会根据具体情况向养老机构提出个案建议。只要能达到老年人生病或有其他紧急情况，可以协助配合处理的目的，就可以接收。但是需要理清这些“相关第三方”与老年人及养老机构的法律关系，并制作相应的法律文件。而且要做好办理入住后老年人转为限制民事行为能力人或无民事行为能力人的安排。

2. 社会组织

即为老年人提供住养养老机构代理服务的社会组织。目前在北京市已有专门为无法找到合适代理人的老年人提供入住养老机构代理服务的社会组织。[①] 无法找到合适代理人的老年人目前人数还不多，但随着独生子女的父母步入老年，此类老年人会越来越多，为老年人提供入住养老机构代理服务的社会组织将在全国各地诞生。

---

① 参见《北京特殊老年人可委托代理机构入住养老机构》，载搜狐网，https：//www. sohu. com/a/55261429＿277247，最后访问时间：2020年9月10日。

二、本条文的适用

“相关第三方”在养老服务合同履行过程中的法律地位非常重要。负责任、有担当、愿意配合的“相关第三方”有利于确保养老服务合同顺畅履行，否则养老机构遇到需要“相关第三方”协助的问题将面临无法应对的局面。

（一）老年人的民事行为能力

从法律界定的民事行为能力来看，老年人可以分成三类，即完全民事行为能力人、限制民事行为能力人、无民事行为能力人。具备完全民事行为能力的老年人可以自己的意志完成所有的民事行为；具备限制民事行为能力的老年人可以独立实施纯获利益的民事法律行为或者与其智力、精神健康状况相适应的民事法律行为，除此之外的民事行为只能由其法定代理人实施或者事后追认；无民事行为能力的老年人应由其法定代理人实施民事行为。所以具备不同民事行为能力的老年人在养老服务合同的签订、履行过程中的法律地位不一致。

具备完全民事行为能力的老年人可以独立与养老机构签订养老服务合同，但为了处理紧急事务，由其指定一位紧急情况下的代理人是必要的。而对于限制民事行为能力、无民事行为能力的老年人则只能由其法定代理人来代为签订养老服务合同。所以老年人是否具备民事行为能力对养老服务合同的签订是至关重要的。

从法律风险防范的角度来看，宜从严确定老年人的民事行为能力。老年人民事行为能力可以通过司法鉴定、司法机关判决等途径确定。养老机构在收住老年人时，让每位老年人都作民事行为能力鉴定或者到司法机关审判确定其民事行为能力状况显然是不现实的。在实践中，养老机构只能是根据经验自行判断。为了确保签订的养老服务合同不会因合同的当事人不具有民事行为能力而无效，我们认为需要坚持从严确定老年人的民事行为能力，即在签订养老服务合同时，如果不确定老年人的民事行为能力状况，在老年人作为合同当事人的情况下，宜由老年人本人及其监护人作为一方在老年人签字的位置共同签署。

（二）完全民事行为能力老年人的“第三方”确定

从法律规定来说，具备完全民事行为能力的老年人可以与其他任何具有完全民事行为能力的自然人或组织达成一致，由其担任在养老机构住养期间的代理人。但是从养老机构本身而言，为了达到代理人能处理老年人的就医、伤亡等事务并协助养老机构做好服务的目的，应对老年人的代理人加以选择。从实践经验看，可以担任代理人的自然人需要满足如下条件：

第一，有稳定且高于老年人月支出费用的月收入来源；

第二，身体健康，具备良好的沟通能力；

第三，在家属中有一定威信，能够取得其他家属的认可；

第四，经常居住地与养老机构在同一城市。

养老机构可以考虑由老年人的亲属等相关方协商确定一人或数人作为代理人。由数人担任代理人的，需要明确其承担责任的顺序。

老年人与某组织协商由该组织担任代理人的，养老机构宜按照前述条件确定该组织是否适宜担任代理人，且必须由该组织指定具体的人员负责，在养老服务合同中需要明确约定该组织更换具体人员的方式、条件等。

需要特别注意的是，如果老年人指定的代理人在老年人丧失部分或全部民事行为能力时没有监护资格，需要提前做好安排，防止在老年人丧失部分或全部民事行为能力时，代理人无法处理老年人的事务。在这种情况下，根据《中华人民共和国民法典》第三十三条的规定，具有完全民事行为能力的成年人可以事先通过协商，以书面形式指定在其丧失部分或全部民事行为能力时的监护人。养老机构如果愿意承受一定法律风险，可以在养老服务合同中直接约定老年人指定养老服务合同中的代理人作为其丧失部分或全部民事行为能力时的监护人，或者单独签订指定监护人的文件。这样至少对养老机构内部而言可以由该代理人处理老年人在丧失部分或全部民事行为能力时的相关事务。

（三）限制或无民事行为能力老年人的“第三方”确定

如果在办理入住手续时，老年人已经丧失了全部或部分民事行为能力，除非其在具有完全民事行为能力时已经指定了监护人或者有相应的权力机关出具了指定监护人的文件，否则“第三方”只能在法定的有监护资格且有监护能力的个人或者组织中确定。

（四）养老服务协议的当事人

根据《养老机构管理办法》第十六条的规定，养老机构应当与老年人或者其代理人签订服务协议，明确当事人的权利和义务。在实践中，养老机构与老年人或其代理人签订的服务合同中代理人的称呼千差万别。民政部及各地民政部门发布的养老机构服务合同示范文本均列明了“丙方”，有的还有“丁方”。对“丙方”“丁方”的称谓，各地莫衷一是，在民政部示范文本中称之为“代理人”“监护人”“担保人”“保证人”“联系人”等，养老机构可以选择其中的一个或几个。有的地方养老服务合同示范文本称代理人为“委托人”，有的称为“送养人”，还有其他的称谓。代理人称谓的乱象，表明实践中代理人在养老服务合同中的法律义务界定不清。

如果老年人是完全民事行为能力人，“丙方”称谓为“代理人”是比较合适的，而且可以列为合同的一方；如果老年人是限制或无民事行为能力人，老年人就没必要再列为当事人一方，可以直接由其监护人作为合同一方签订养老服务合同，这时是监护人将其监护责任的一部分委托养老机构来履行。但在实践中有养老机构表示，如果做不同版本的养老服务合同不便于管理，而且判断老年人是否为限制民事行为能力人也存在风险。为此可以考虑采用民政部的养老服务合同示范文本的做法，将老年人作为合同一方当事人，但需要在乙方处添加“监护人”的信息，如果老年人是限制或无民事行为能力人，则由法定代理人代表其签署合同，如果老年人具备签字能力，也可以签署姓名。老年人是完全民事行为能力人的，则由其作为乙方直接签署即可。这样养老服务合同仍为三方当事人，一个养老服务合同版本即可满足需求。

3.2【**“床单元”定义**】　床单元　bed unit

养老机构老年人床位所包含的设备和物品。

条文主旨

本条规定了养老机构“床单元”的概念。

条文释解

目前养老机构老年人床位尚无床单元应包括哪些具体设备和物品的标准或规范性文件。2019 年 10 月 18 日，国家卫生健康委员会发布了卫生行业标准《医院病房床单元设施》(WS/T 653—2019)，以规范医院的床单元具体包含哪些设备及物品。为了便于依据本标准对床单元的管理，养老机构可以参照该标准制定本机构床单元具体包含的设施和物品及相关技术要求。

4 基本要求

这部分内容从两方面作了规范：一方面是对养老服务安全的保障性措施要求，主要体现在对养老机构硬件设施方面的要求，具体为第4.1、4.2条；另一方面是对养老机构在开展养老服务过程中需要满足的要求，具体为第4.3~4.8条。这些内容基本上源于《养老机构管理办法》。

这些基本要求有些是养老机构凭借自身的资源和能力无法满足，或者需要耗费较高的成本才能满足的，养老机构需要通过与供应商合作的方式来实现。对与供应商合作来满足的基本要求，最为重要的是合同管理。我们在下面的具体条款中再作具体分析。

4.1【**符合强制性标准**】 养老机构应符合消防、卫生与健康、环境保护、食品药品、建筑、设施设备标准中的强制性规定及要求。

条文主旨

本条规定了养老机构应遵守的强制性规定及要求，并列举了强制性规范的种类。

条文释解

这句话虽然只有46个字（含标点），却几乎涵盖了养老机构除护理服务外的所有管理内容，包括消防、卫生与健康、环境保护、食品药品、建筑、设施设备六个方面。

征求意见稿规定了建筑设计应符合《老年人照料设施建筑设计标准》（JGJ 450—2018）的规定，建筑防火设计和消防设施设备配置应符合《建筑设计防火规范》（GB 50016—2018）的规定，建筑消防设施的维护管理应符合GB 25201的规定，无障碍设施建设与配置应符合《无障碍设计规范》（GB 50763—2012）的规定，康复设施设备安装应符合《康复训练器械 安全通用要求》（GB 24436—2019）的规定。正式发布的条文对此予以调整，并不是说征求意见稿中的要求就不需要了，恰恰是要求更高了。征求意见稿有明确的要求范围，而正式发布的文本予以取消，范围反而扩大了。正式条文的要求明显高于征求意见稿的内容。

养老机构对条文中的六个方面宜作出区分：哪些是凭

借现有人员可以满足的，哪些是在增加适当成本通过一定努力的情况下可以满足的，哪些是需要通过与供应商合作才能满足的。对确定由机构自身来满足的方面，应制定规章制度，加强管理，并做到监督检查，持续改进，使之持续满足相应强制性标准的要求。对需要与供应商合作来达到标准要求的，需要注意以下事项：

一、核查供应商的信用状况

养老机构寻求供应商时，至少须通过公开渠道核查其是否存在信用瑕疵。

1. 通过《国家企业信用信息公示系统》（http：//www. gsxt. gov. cn/index. html），可以查询到供应商在市场监督管理部门的登记情况、相关监督管理部门是否对其作出过行政处罚。

2. 通过《中国执行信息公开网》（http：//zxgk. court. gov. cn），可以查询到供应商是否存在被人民法院强制执行的信息。

3. 通过《信用中国网》（https：//www. creditchina. gov. cn），查询拟合作供应商的信用信息。对有信用瑕疵的供应商，可以询问具体情况，以决定是否可以开展合作。

二、核查供应商的资质证书，并留存供应商加盖公章的资质证书复印件

国家规定必须持有相应资质证书才能开展业务的，养

老机构在与供应商建立合作关系前应核查其资质证书。与不具备相应资质的供应商合作，养老机构会承担选任合作方的过错责任：一方面，如果发生供应商雇佣人员伤亡事故，养老机构存在承担赔偿责任的风险；另一方面，如果供应商造成了服务对象伤亡事故，养老机构也会面临承担直接赔偿责任的风险。需要核查的项目包括：

1. 资质证书上的持证人与拟签合同的供应商名称是否一致。

2. 该资质证书是否在有效期内。双方的合作期限超过该有效期的，应要求其提供确保在有效期满后能续期的承诺书，或者在双方签订的合作合同中约定：届时资质证书有效期满后失效未取得续期的，合同应终止。

3. 该资质证书有无具体的业务范围，防止供应商超过资质证书确定的业务范围开展服务。

4. 如果在相关部门的网站上可以核查其资质证书，应到相关网站去核查。目前建筑类的资质、消防检测资质、食品经营许可等都有相应网站可以查询。

目前需要资质证书才能从事的业务主要有食品经营、医疗服务、建筑、消防、特种设备等。

三、制定采购管理制度，签订相应的合同

养老机构的采购（本书所称的“采购”涉及货物、服务、建设工程等）与每个部门都息息相关。为了理顺请购—

采购—使用的管理流程，便于各部门执行，养老机构需要制定符合机构规模、效率、成本控制等方面要求的采购管理制度。有些机构可能比较小，采购量较少，于是认为有无采购管理制度无所谓。这个观点要重新认识：机构不论大小，都要有规矩意识，否则会累及养老机构的各个方面。既然采购都可以没有规矩，那养老服务的操作流程又为什么一定要坚持？如此下去，养老机构将陷入巨大风险。制度、规矩是约束养老机构所有人的，只有树立了坚定的规矩意识，才能使得养老机构各方面的工作不至于失控。

各项采购均应签订采购合同。对于频繁性的采购可以签订长期合同，在需要时以订单方式确定具体数量、价格等要素。养老机构的主营业务是养老服务，每年采购具有较大相似性，所以制定一套规范的合同文本后，每年进行微调即可满足经营需要。养老机构的采购一旦定好规则，执行起来相对较为容易，对具体负责的工作人员来说也便于开展工作。

四、重视对采购的验收

验收是保障采购质量的重要环节。负责采购的人不能担任验收职责。对货物的验收应检查货物的数量、包装、合格证、生产日期等，做好入库工作。对服务的验收，要制定专门的验收标准，对照标准开展验收；不符合标准的，要及时通知供应商整改。对工程的验收，要注意工程施工过程中的监督管理，对关键节点在施工过程中就要加以重视，防止施工单位偷工减料，在竣工时组织相关人员进行验收。如果养老机构对采购的验收不重视，供应商会逐步松懈下去，质量也会大打折扣。对比较重要的采购项目，本机构没有验收能力的，可以委托第三方进行验收。这些内容都可以在采购管理制度中予以规定。

4.2【使用安全标志】 使用安全标志应按照 GB 2893、GB 2894 的要求。

条文主旨

本条是对养老机构使用安全标志的要求。

条文释解

GB 2893 是国家强制性标准《安全色》的代码。《安全色》（GB 2893）于 1981 年首次发布，2001 年第一次修订，2008 年第二次修订，规定了传递安全信息的颜色、安全色的测试方法和使用方法及使用过程中的检查要求。GB 2894 是国家强制性标准《安全标志及其使用导则》的代码。该标准规定了传递安全信息的标志及其设置、使用的原则及安全标志牌的要求。

一、安全色的检查与维修

《安全色》（GB 2893—2008）规定，凡涂有安全色的部位，每半年应检查一次，应保持整洁、明亮，如有变色、褪色等不符合安全色范围，逆反射系数低于70%或安全色的使用环境改变时，应及时重涂或更换，以保证安全色正确、醒目，达到安全警示的目的。据此，养老机构应当每半年对涂有安全色的区域进行检查，及时更换或重涂不明显的安全色。老年人或者外来人员在涂有安全色的区域发生伤害事故，而该区域的安全色不清楚，发生变色、褪色不符合标准要求的，养老机构将面临承担民事赔偿责任的风险。

二、采购安全标志牌的注意事项

1. 向正规的供应商采购安全标志牌，取得安全标志牌的合格证明。

2. 根据《安全标志及其使用导则》（GB 2894—2008）对安全标准牌的尺寸等要素的要求，对安全标志牌进行验收。

三、参照《养老服务常用图形符号及标志》（MZ/T 131—2019）设置、维护其他标志牌

2019年12月12日，民政部发布了行业标准《养老服务常用图形符号及标志》（MZ/T 131—2019）。该标准规定

了养老服务常用图形符号及标志的基本要求、设计要求、设置与安装、管理与维护等内容，不仅涉及安全标志，还包括其他标志标识。养老机构可以参照这个标准完善机构内部的标志标识。

四、制定标志标识检查与维护制度，加强标志标识的管理

根据《养老服务常用图形符号及标志》（MZ/T 131—2019）第7条，应建立标志管理规范，明确管理维护人员。应定期对标志进行清洁，保持图形符号和文字的清晰和完整。应定期检查标志，发现破损或内容不清，及时修整或更换。养老机构可以根据以上内容进行细化，制定具体的标志标识检查与维护制度。

4.3 **【养老护理员上岗要求】** 养老护理员应经培训合格后上岗。

条文主旨

本条是对养老护理员的技能与资格要求。

条文释解

2017年9月12日，人力资源社会保障部发布了《关于公布国家职业资格目录的通知》（人社部发〔2017〕68号），对职业资格实行清单式管理，以解决职业资格过多过滥等问题，提高职业资格设置管理的科学化、规范化水平。《国家职业资格目录》把所有的职业资格分成两类，即专业技术人员职业资格和技能人员职业资格。但在该目录中没有养老护理员。一时间，养老护理员的职业发展似乎失去了方向。

按照该通知的规定，国家只是不再开展养老护理员的资格认定，但是行业协会、学会等社会组织和企事业单位可以依据市场需要自行开展能力水平评价活动。为此，2019 年 9 月 25 日，人力资源社会保障部办公厅、民政部办公厅联合发布了《养老护理员国家职业技能标准》，为接下来社会组织和企事业单位开展能力水平评价活动提供了标准依据。

2020 年 7 月 20 日，人力资源社会保障部办公厅发布《关于做好水平评价类技能人员职业资格退出目录有关工作的通知》，指出“要推动各类企业等用人单位全面开展技能人才自主评价，遴选发布社会培训评价组织并指导其按规定开展职业技能等级认定，颁发职业技能等级证书，支持劳动者实现技能提升”。接下来各养老机构可以根据情况开展养老护理员的自主评价，行业协会也会开展养老护理员的职业技能等级认定。

一、养老护理员的技能标准应与照护的老年人服务需求相匹配

《养老护理员国家职业技能标准》将养老护理员的职业技能等级分为五级。每一级别达到的技能标准可以提供的照护服务内容是不相同的。该条规定“养老护理员应经培训合格后上岗”，不宜理解为护理员只需达到五级（初级工）的要求就满足了标准的要求。

从制定标准的目的来分析，该条文的要求是指养老护理员的技能标准应与照护的老年人服务需求相匹配，也就是说养老机构应按照老年人的服务需求指派相应技能等级的护理员提供服务，才能认为符合了该条文的要求。所以一个较低等级的护理员被安排服务需求较高的老年人之前应进行培训，其达到相应的技能等级后才能为该老年人提供服务。

由此而言，养老机构需要对老年人的护理等级及服务内容进行适当安排，使之与护理员的技能等级相匹配，以更好地为护理员安排工作内容，提高工作效率。护理员的技能等级达不到其提供的服务内容要求，老年人发生伤亡事故的，司法机关有可能因此推定养老机构存在过错，应承担法律责任。

二、应制定养老护理员的培训制度，并予以严格执行

养老护理员的培训主要包括岗前培训、转岗培训、继

续教育培训，以达到“经培训合格后上岗”的要求。对于招录的已具备一定技能等级的护理员，在上岗前应进行技能水平测试，以确定其是否达到了相应技能等级的要求。这些要用规章制度明确下来，才能保证执行中实现规范操作。

制度的生命力在于执行。如果徒有具文，则毫无用处。要发挥制度的刚性，严格执行，才能防住风险。

4.4【**巡察、交接班要求**】　应制定昼夜巡查、交接班制度，并对检查、服务开展情况进行记录。

条文主旨

本条是对昼夜巡察、交接班制度的制定和记录的要求。

条文释解

本条文是对养老机构开展服务安全防护工作的具体要求，规定了两项制度，即24小时巡查制度、交接班制度，并规定了制度的实施需要有记录，记录的内容为“检查、服务开展情况”。

这一条文基本与《养老机构服务质量基本规范》

（GB/T 35796—2017）的规定一致。《养老机构服务质量基本规范》（GB/T 35796—2017）在“服务要求”中规定：“5. 2. 2. 1 应提供24 小时服务，记录交接班情况。5. 2. 2. 3 养老护理员应定时巡查老年人居室，观察老年人身心状况，发现特殊情况及时报告并协助处理。”从条文具体内容看，本标准较为精练。要满足本标准的要求，可以参照《养老机构服务质量基本规范》（GB/T 35796—2017）的规定来制定具体的方案。

一、制定昼夜巡查制度，做好巡查记录

养老机构宜结合管理的现状，按照白天、夜间两个时段，针对不同护理等级的老年人，规定不同的巡查方式和巡查重点。

对巡查中发现的问题要如实记录，并记录针对发现问题的应对措施及效果。如果需要进一步处理，需要提出建议。巡查记录人应当在巡查记录上签名。

二、制定交接班制度，做好交接班记录

实践中，养老机构的交接班都在做，但是做的效果千差万别。养老机构应针对不同护理等级的老年人规定相应的交接重点。

交接班时，交班人应当将当班遇到的常规情况进行说明，并对异常情况做重点说明，明确哪些已经做了、哪些还需要做，并对后续的处理措施提出建议。接班人在工作过程中应重点记录交班人提及的异常情况是如何处理的、处理的情况如何、是否需要进一步采取措施。如果有必要，应进行现场交班。交班人、接班人分别在交接班记录上签字。

> 4.5【**保密制度要求**】 应制定老年人个人信息和监控内容保密制度。

条文主旨

本条是对养老机构应保守知悉的老年人个人信息的要求。

条文释解

一、关于本条文的解释

（一）关于个人信息保护

随着互联网应用的普及，公民个人信息很容易被他人获取。公民个人信息被他人用于非法牟利的事件时有发生。养老机构在老年人入住时为了服务的需要，会收集老年人的个人信息及其相关第三方的有关信息。这些信息要加强保护，防止被不当泄露，甚至被一些员工出售牟利。

1. 什么是公民个人信息

《中华人民共和国个人信息保护法》已于2021年8月20日公布。该法第四条第一款规定，个人信息是以电子或者其他方式记录的与已识别或者可识别的自然人有关的各种信息，不包括匿名化处理后的信息。该规定明确了个人信息的定义，没有列举哪些具体项目属于个人信息。《中华人民共和国网络安全法》《中华人民共和国民法典》《最高人民法院、最高人民检察院关于办理侵犯公民个人信息刑事案件适用法律若干问题的解释》不仅规定了个人信息的内涵，还对个人信息进行了列举。例如，《中华人民共和国网络安全法》第七十六条第五项规定，个人信息，是指以电子或者其他方式记录的能够单独或者与其他信息结合识别自然人个人身份的各种信息，包括但不限于自然人的姓名、出生日期、身份证件号码、个人生物识别信息、住址、电话号码等。《中华人民共和国民法典》在此基础上又提到了电子邮箱、健康信息、行踪信息。《最高人民法院、最高人民检察院关于办理侵犯公民个人信息刑事案件适用法律若干问题的解释》还提到了账号密码、财产状况等。养老机构可以根据以上规定确定机构收集的哪些信息属于老年人的个人信息。

此外，《中华人民共和国个人信息保护法》明确规定，一旦泄露或者非法使用，容易导致自然人的人格尊严受到侵害或者人身、财产安全受到危害的个人信息，包括生物识别、宗教信仰、特定身份、医疗健康、金融账户、行踪轨迹等信息，以及不满十四周岁未成年人的个人信息，属于敏感个人信息。只有在具有特定的目的和充分的必要性，并采取严格保护措施的情形下，个人信息处理者方可处理敏感个人信息。处理敏感个人信息应当取得个人的单独同意；法律、行政法规规定处理敏感个人信息应当取得书面同意的，从其规定。

2. “侵犯公民个人信息罪”

将公民个人信息出售或者提供公民个人信息，情节严重的，可以构成犯罪。2009 年 2 月，全国人大常委会通过了《中华人民共和国刑法修正案（七）》，其中规定了“非法获取公民个人信息罪”。2015 年 11 月，全国人大常委会通过了《中华人民共和国刑法修正案（九）》，将该罪名修改为“侵犯公民个人信息罪”，规定“违反国家有关规定，向他人出售或者提供公民个人信息，情节严重的，处三年以下有期徒刑或者拘役，并处或者单处罚金；情节特别严重的，处三年以上七年以下有期徒刑，并处罚金”。

“违反国家有关规定，将在履行职责或者提供服务过程中获得的公民个人信息，出售或者提供给他人的，依照前款的规定从重处罚。”

“窃取或者以其他方法非法获取公民个人信息的，依照第一款的规定处罚。”

“单位犯前三款罪的，对单位判处罚金，并对其直接负责的主管人员和其他直接责任人员，依照各该款的规定处罚。”

根据《最高人民法院、最高人民检察院关于办理侵犯公民个人信息刑事案件适用法律若干问题的解释》第五条规定，非法获取、出售或者提供公民个人信息，具有下列情形之一的，应当认定为刑法规定“侵犯公民个人信息罪”的“情节严重”：

（1）出售或者提供行踪轨迹信息，被他人用于犯罪的；

（2）知道或者应当知道他人利用公民个人信息实施犯罪，向其出售或者提供的；

（3）非法获取、出售或者提供行踪轨迹信息、通信内容、征信信息、财产信息五十条以上的；

（4）非法获取、出售或者提供住宿信息、通信记录、健康生理信息、交易信息等其他可能影响人身、财产安全的公民个人信息五百条以上的；

（5）非法获取、出售或者提供第三项、第四项规定以外的公民个人信息五千条以上的；

（6）数量未达到第三项至第五项规定标准，但是按相应比例合计达到有关数量标准的；

（7）违法所得五千元以上的；

（8）将在履行职责或者提供服务过程中获得的公民个人信息出售或者提供给他人，数量或者数额达到第三项至第七项规定标准一半以上的；

（9）曾因侵犯公民个人信息受过刑事处罚或者二年内受过行政处罚，又非法获取、出售或者提供公民个人信息的；

（10）其他情节严重的情形。

3. 制定老年人个人信息保密制度

对于老年人的个人信息，宜根据《中华人民共和国民法典》《中华人民共和国个人信息保护法》《中华人民共和国网络安全法》中对“个人信息”的定义，将老年人在养老机构住养期间的健康档案、护理记录、病历资料、探望记录、请销假记录等均纳入保护范围，并区分一般信息和敏感个人信息，对敏感个人信息采取更为严格的保护措施。

凡涉及老年人个人信息的各类文件资料的归档、借阅、复制、销毁等工作的，均应制定具体的规则。对于能够接触到老年人个人信息的养老机构工作人员，应当通过在与之签订的劳动合同中设定保密条款或者签订专门的保密协议等方式要求其履行保密义务。

（二）关于监控内容

行业标准《养老机构安全管理》（MZ/T 032—2012）

第5.8条规定，养老机构应设置监控设备，做到重点公共区域全覆盖。设置监控系统的养老机构应有监控系统控制室，并应有专（兼）职人员24小时值班；值班人员要坚守岗位，做好运行和值班记录，执行交接班制度。控制室的入口处应设置明显标志。

民政部、中央政法委、最高人民法院、最高人民检察院、公安部、司法部《关于规范养老机构服务行为 做好服务纠纷处理工作的意见》第一条规定，养老机构应当在各出入口、接待大厅、值班室、楼道、食堂等公共场所安装视频监控；经老年人或其代理人书面同意，可以在老年人居室内安装视频监控，并妥善保管视频监控资料。这对养老机构的重点区域进行了明确，在这些公共场安装视频监控是养老机构应尽的义务。

绝大多数养老机构都安装了监控，小一些的机构可能没有设置专门的控制室。但对于哪些人可以查看监控内容、哪些人可以复制监控内容，大多数机构都没有具体规定，往往因人因事而异。这不利于工作人员在收到查看监控的要求时统一口径和开展工作。

二、关于本条文的适用

（一）制定老年人个人信息保密制度

界定老年人个人信息的范围时宜根据《中华人民共和国民法典》《最高人民法院、最高人民检察院关于办理侵犯公民个人信息刑事案件适用法律若干问题的解释》中对“公民个人信息”的定义，将老年人在养老机构内住养期间的健康档案、护理记录、病历资料、探望记录、请销假记录等均纳入保护范围。

对涉及老年人个人信息的各类文件资料的归档、借阅、复制、销毁等均应制定具体的规则，如通过与接触老年人信息的工作人员签订专门的保密协议或者在劳动合同中设定保密条款等方式要求其履行保密义务。

（二）制定监控内容保密制度

目前国家没有监控内容的管理规定。养老机构可以根据自身的要求和老年人利益保护的需要制定监控内容的保密措施，形成制度。

（三）对工作人员开展个人信息保护的法律培训

无知者无畏。为了让工作人员了解国家有关个人信息保护的法律法规，可以对员工定期开展法律知识培训，讲解违反个人信息保护法律规定的法律后果，对工作人员予以警示。

4.6**【防止兜售保健食品、药品】**　应防止在养老机构内兜售保健食品、药品。

条文主旨

本条是对养老机构防止在机构内发生兜售保健食品、药品行为的要求。

条文释解

一些不良商家利用老年人追求健康、长寿的心理，向老年人兜售保健食品、药品等骗取老年人钱财。一起被骗事件中涉及的老年人可能多达上千人。养老机构对老年人在养老机构内的合法权益有保护义务，所以养老机构要采取措施预防有商家在养老机构内兜售保健食品、药品。

有些养老机构或其从业人员受利益驱使也加入了这些商家的行列，严重损害了老年人的合法权益。2019 年 10 月 25 日，民政部发布了《养老服务市场失信联合惩戒对象名单管理办法（试行）》。该办法第五条第三项规定，“以非法集资或者欺骗手段销售‘保健’产品等方式诈骗老年人财物的”养老服务机构和从业人员，被有关部门依法依规惩处的同时，地方民政部门应当将其列入本辖区联合惩戒对象名单，并书面抄报相关主管部门。

从预防的角度看，养老机构一方面要防止本单位的工作人员向老年人销售保健食品、药品，可以在机构的规章制度中规定或劳动合同中约定，向老年人销售保健品、药品达到一定金额或次数、老年人人数的行为属于严重违反规章制度，机构可以与其解除劳动合同；另一方面要把好门，防止本机构以外的人员到机构内兜售保健食品、药品，尤其要提高警惕，防止老年人自己约访的兜售保健食品、药品人员进入机构。养老机构工作人员如果发现老年人通过网络购买保健食品、药品的要及时劝止，并告知相关第三方。

4.7【**污染织物清洗要求**】　污染织物应单独清洗、消毒、处置。

条文主旨

本条是为防止院内交叉感染，对污染织物清洗等所作的要求。

条文释解

《养老机构服务质量基本规范》（GB/T 35796—2017）规定“5.5.2.4 被污染的织物，应单独收集、清洗、消毒；5.5.2.5 应有指定地点收集被污染织物，避免在老年人居住区域清点”。这与本条文的规定基本一致。污染织物的处置措施可以参照《养老机构服务质量基本规范》（GB/T 35796—2017）第5.5.2.5条规定，在指定地点收集，且应避开老年人的居住区域。

对于污染织物的认定，目前没有可供参考的依据。我们在互联网上查询到了中山市志远社会工作服务社的企业标准《养老服务机构洗涤服务规范》[1]，可以作为养老机构对污染织物洗涤管理参考性资料。该企业标准中也没有污染织物的认定内容。但从其内容看，该标准参照了《医院医用织物洗涤消毒技术规范》（WS/T 508—2016）的规定，将织物分成一般织物，有明显血液、体液等污渍的感染性织物，被传染病病原体污染的感染性织物。由此来看，该企业标准中的污染织物主要指有明显血液、体液等污渍的感染性织物。

一、可以参照《医院医用织物洗涤消毒技术规范》（WS/T 508—2016）制定养老机构的织物洗涤消毒操作规范

《医院医用织物洗涤消毒技术规范》（WS/T 508—2016）规定了医院织物洗涤消毒的基本要求，分类收集、运送与储存操作要求，洗涤、消毒的原则与方法，清洁织物卫生质量要求，资料管理与保存要求等。养老机构可以

[1] 《Q_ ZYFW 0003—2017 养老服务机构洗涤服务规范》，载原创力文档网，https：//max.book118.com/html/2018/0428/163621564.shtm，最后访问时间：2020年9月20日。

结合自身的管理实践吸取其可资借鉴的内容，制定本机构的织物洗涤消毒操作规范。

二、织物洗涤服务外包的养老机构应与供应商签订服务外包协议，并制定供应商服务考核标准，对其服务质量进行考核

如果是由供应商提供洗涤服务，养老机构应与其签订服务外包协议，并参照《医院医用织物洗涤消毒技术规范》（WS/T 508—2016）的规定制定对供应商服务的考核标准，对供应商的服务质量进行考核，而且须不定期对供应商的服务场所进行现场核查，防止供应商在服务过程中偷工减料。

> 4.8【**禁烟要求**】　老年人生活、活动区域应禁止吸烟。

条文主旨

本条是对养老机构内部禁止吸烟的要求。

条文释解

在老年人的生活、活动区域禁止吸烟，一是为了遵守法律法规的要求，响应国家的禁烟号召，二是为了消防安全的需要。全国部分省市制定了公共场所控制吸烟条例，将禁止在公共场所吸烟纳入地方性法规管理。养老机构人员密集，且有的老年人存在防范烟火、火灾自救的能力障碍，在一定的区域内禁止吸烟不仅有利于养老机构加强消防管理，而且可以避免对不吸烟的老年人造成不利影响。

一、养老机构宜设置专门的吸烟室

有的老年人已吸烟成瘾，让其入住后立即戒烟是不可能的。从宜疏不宜堵的角度考虑，允许老年人在一定条件下吸烟，可以缓解机构的管理压力。

二、制定机构的控制吸烟管理制度

1. 在办理入住手续时，应询问老年人的吸烟史，建议其戒烟。如果老年人不愿戒烟，应告知相关第三方通知老年人的亲属、朋友不得擅自提供香烟、打火机、火柴给老年人。如需提供，应交给工作人员管理，并告知遵守控制吸烟的管理制度，在指定区域吸烟。

2. 规定养老护理员对老年人吸烟管控的具体操作流程，包括但不限于定期对老年人的物品进行检查，防止老年人在吸烟室外吸烟；发现老年人在吸烟室外吸烟的，及时劝止并采取防范措施。

3. 对吸烟室进行管理，确保消防设施充足。

三、设置禁烟标志

在禁止吸烟区域设置禁烟标志，并对禁烟标志进行管理，防止脱落、变色等。

5 安全风险评估

这部分内容是对养老机构提出的新要求。养老机构基本上都开展了老年人入院的能力评估，主要目的在于确定老年人的护理服务需求，以弥补老年人丧失的活动能力、行为辨识能力，而直接以防控安全风险为目的的评估尚属第一次提出。在之前的老年人能力评估中，评估的标准依据主要是《老年人能力评估》（MZ/T 039—2013），但各地、各机构也存在不同的标准。尽管如此，在司法实践中，司法机关对养老机构入院时的评估越来越重视，未进行适当评估的，老年人伤亡事故中养老机构被法院认定存在过错的风险较大。

这部分内容的落实情况对老年人伤亡事故的责任认定会有较大影响。没有按照这部分内容要求开展服务安全风险评估，或者安全风险评估的质量较差，存在被司法机关认定养老服务过程中有过错的风险。

养老机构开展安全风险评估可以借鉴医疗机构的相关过往实践。两者具有相类似之处。已制定老年人能力评估制度的机构，宜对老年人的能力评估制度根据本标准的要求进行修订；未制定评估制度的机构，宜制定包括老年人能力评估及安全风险评估的制度。

> 5.1【**服务安全风险评估指标**】 老年人入住养老机构前应结合老年人日常生活活动、精神状态、感知觉与沟通、社会参与进行服务安全风险评估。

条文主旨

本条规定了老年人入住前服务安全风险评估的主要指标。

条文释解

评估指标有四个，即“日常生活活动、精神状态、感知觉与沟通、社会参与”。

本条文有两点值得注意。一是老年人在入住前应完成安全风险评估。这意味着养老机构在完成老年人的安全风险评估前不得收住老年人。二是本条文规定的评估指标，与民政行业标准《老年人能力评估》（MZ/T 039—2013）第3.1条“一级评估指标”确定的评估指标是一致的。这为养老机构制定安全风险评估标准提供了参考依据，《老年人能力评估》标准仍可以参照适用，但仅参照《老年人能力评估》是不够的，还需要结合国际上通行的评估量表以及国家相关部门发布的标准。

5.2【**服务安全风险评估项目**】 服务安全风险评估应包括噎食、食品药品误食、压疮、烫伤、坠床、跌倒、他伤和自伤、走失、文娱活动意外方面的风险。

条文主旨

本条规定了本标准要求评估的九项安全风险。

条文释解

需要评估的安全风险包括噎食、食品药品误食、压疮、烫伤、坠床、跌倒、他伤和自伤、走失、文娱活动意外方面的风险。这九项风险的评估是本标准强制性要求的，养老机构必须进行评估。

需要针对九项安全风险分别进行全面评估。对每个老年人均须进行规定的九项安全风险评估，一项也不可少。养老机构不能选择做部分项目评估，也不能允许未经安全风险评估的老年人入住机构。

5.3【评估频率与记录】 每年应至少进行1次阶段性评估，并保存评估记录。

条文主旨

本条是对安全风险评估的频率与记录要求。

条文释解

本条文意在规定养老机构除了需要在入院时对老年人做评估，还需要开展例行安全风险评估，频率至少一年一次。本条文还要求对评估记录予以保存。这意味着在发生老年人伤亡事故时，司法机关可以要求养老机构提交评估记录，以确定养老机构是否做了适当的服务安全风险评估。

《养老机构服务质量基本规范》（GB/T 35796—2017）规定："6.1.3 应定期评估老年人身体状况和精神状态；老年人身体状况和精神状态发生变化时，应即时评估；应根据评估结果提供相应服务。"在本条文中未规定"即时评估"。

一、按规定频率进行评估

养老机构应做到每年至少对服务安全风险评估一次。至于是每季度评估一次，还是每半年评估一次，并无具体要求。养老机构可以根据老年人的护理等级、服务能力综合考虑确定。但应确保在规定的评估频次内开展评估，不能等到确定的期限届满后才进行评估，否则属于违反强制性标准的行为。

虽然本条文未对“即时评估”作出要求，但根据《养老机构管理办法》第十五条第二款“老年人身心状况发生变化，需要变更照料护理等级的，养老机构应当重新进行评估”的规定，应在老年人身体状况和精神状态发生变化时即时评估，主要包括如下情形：（1）罹患疾病外出治疗后，返回机构住养的；（2）发生人身伤害事故后，需在机构住养的；（3）请假或中断住养达到一定时间以上返回住养的；（4）其他可能导致安全防护风险发生变化的情形。

二、评估记录应妥善保存

评估人员应真实、完整记录评估过程和评估结论，并签名确认。如果老年人是完全民事行为能力人，评估人员应要求其本人在评估记录上签字确认。老年人不愿意签字的，评估人员应在评估记录上注明情况。如果在评估过程中相关第三方参与并提供相关信息，相关第三方也应按前述方式办理。评估记录完成后，应妥善存档，防止遗失。

5.4 **【评估结果告知】** 评估结果应告知相关第三方。

条文主旨

本条要求养老机构应在安全风险评估后将评估结果告知相关第三方。

条文释解

应特别注意的是，这里规定养老机构的义务是“告知”，是单方的，不需要相关第三方的认可或接受。这与《养老机构服务质量基本规范》（GB/T 35796—2017）的规定不一致。《养老机构服务质量基本规范》（GB/T 35796—2017）规定“5. 1. 2. 2 老年人入院评估结果应经老年人或相关第三方认可，并作为提供相应服务的依据”。

本条文规定养老机构“告知”义务，而无须老年人或相关第三方的认可，是适当的。养老机构的安全风险评估是基于自身的服务能力、老年人的活动能力等客观因素进行的，并非老年人或相关第三方可以凭感觉确定的。

养老机构应保留将评估结果告知相关第三方的记录。入院前的评估结果可以在办理入住手续时让相关第三方确认养老机构已告知了评估结果。例行评估的结果告知手续要烦琐一些，在评估结果作出时，应及时告知相关第三方。可以在办理入住手续时，让相关第三方确认收取评估结果的电子邮箱，在例行评估完成后直接将评估结果发送至该电子邮箱。发送之后，提示相关第三方前往查看即可。未留电子邮箱或者按照预留电子邮箱发送显示邮件被退回的，最好是通过邮政 EMS 寄送给相关第三方，也可以在相关第三方前来探望时由相关第三方签字确认。

目前微信、QQ 等网络手段使用较多，也可以作为告知手段，但需要注意保存证据。这些聊天记录要保存在微信、QQ 内，不能删除。大型机构也可以考虑专门开发养老机构服务文件的签署平台，通过互联网科技手段解决文件签署困境。

5.5【**划分风险等级**】　应根据评估结果划分风险等级。

条文主旨

本条对服务安全风险评估结果与风险等级划分作了原则性规定。

条文释解

从九个评估项目来看，宜为各个项目单独进行评估，各自确定风险等级。不同风险等级对应相当的防范措施，由此即可形成每个老年人的个性化服务安全风险防范方案。刚开始执行时，宜从细从严，才能逐步积累丰富的经验。

6 服务防护

本部分内容是本标准的核心内容，对养老机构做好服务安全防护的细节作了规定。本部分的每个条文都需要作出分解，在日常的服务过程中按照条文的要求认真执行。这些要求如果能不折不扣地完成，并持之以恒地监督改进，养老机构发生老年人伤亡事故的概率会大大降低。本着对社会、老年人及相关第三方的负责态度，我们养老人一定要做到，而且要坚持不懈地做到。

养老机构不仅要实实在在地做到这些要求，而且要让老年人及相关第三方感受到、看到、听到机构是按照这些要求做的，还要让社会、主管部门看到、听到机构所做的。老年人及相关第三方感受到、看到、听到机构按照本标准的要求为其服务，即便发生了老年人的伤亡事故，发生争议的概率会降低很多，也会便于服务纠纷的处理。让社会、主管部门看到、听到机构在按照标准提供服务，即使不幸发生了不良事件，养老机构的管理也还是严谨的，负责人和直接责任人承担行政责任、刑事责任的风险可以降低。

养老机构在提供服务时使用的文件范本要从法官的视角去考虑制作。这会便于发生诉讼时能举出对机构有利的证据。

6.1 防噎食

本部分内容是对养老机构防止老年人发生噎食的具体要求。

随着吞咽功能的逐渐减弱，老年人发生噎食的风险逐渐增大。对于经评估有噎食风险的老年人，养老机构应注意防止其噎食。

在本标准的征求意见稿中没有规定“防噎食”，规定的是“防窒息”，并就此制定了3条具体规范要求。正式发布时调整为“防噎食”，相应具体规范要求调整为2条。

> 6.1.1 **【准备食物要求】** 应为有噎食风险的老年人提供适合其身体状况的食物。
>
> **示例：**流质、软食。

条文主旨

本条是对养老机构为有噎食风险的老年人提供食物的要求。

条文释解

对经评估有噎食风险的老年人，养老机构应根据其面临的噎食风险状况，提供与老年人的身体状况相适应的食物。

一、对有噎食风险的老年人应确定其所需食物的状态

需要注意的是，养老机构对所有有噎食风险的老年人都应采取防止噎食风险的措施。在噎食风险评估后，应确定与老年人身体状况相适应的食物状态，如流质、半流质、软食，或者其他，同时还应确定禁止食用的食物。

二、老年人及相关第三方有噎食风险但要求常规进食的处理

在实践中，少数老年人及相关第三方不愿意接受养老机构确定的食物状态等服务需求，以其在家里的进食情况为由要求让老年人常规进食。这是非常危险的。

经评估老年人有噎食的风险，即便老年人及相关第三方要求由老年人自主常规进食，养老机构也应坚决拒绝，否则一旦发生噎食事故，养老机构会面临承担赔偿责任的风险。在此情况下，养老机构出于入住率或其他原因考虑，确定要收住此类老年人的，应明确告知老年人及相关第三方，经评估该老年人有噎食的风险，按照本标准的要求，需要提供适合其身体状况的食物。养老机构要求采取防止噎食风险的措施，但老年人及相关第三方不愿意接受，由此引发的噎食风险由老年人及相关第三方承担。即便如此，一旦发生噎食事故，养老机构仍可能面临承担责任的风险。这样的做法实属无奈之举，不宜广泛使用。

三、对老年人及相关第三方进行噎食风险宣教

经评估老年人有噎食风险的，养老机构需要将防范噎食风险的要求向老年人及相关第三方说明。如果老年人已不能辨识自己的行为后果，或者不能记住相关要求，养老机构还应采取特别的措施，如将相关第三方提供的食物妥善放置在锁闭的柜子内。

> 6.1.2【**进食照护要求**】　有噎食风险的老年人进食时应在工作人员视线范围内，或由工作人员帮助其进食。

条文主旨

本条是对养老机构在有噎食风险的老年人进食时防止噎食事故、采取措施的要求。

条文释解

本条文规定了两种措施：一种是工作人员要在老年人

进食时随时观察，保持老年人在视线范围内，以及时发现老年人进食时的异常状况；另一种是工作人员帮助老年人进食，包括喂食、鼻饲等。

一、有噎食风险的老年人进食时的防护措施

养老机构在进行噎食风险评估后，应确定老年人需要哪一种防护措施。在确定之后，养老机构在提供进食服务过程中要严格执行，不允许养老护理员擅作主张予以变更或者执行不到位。

对需要保持在视线范围内的老年人，养老护理员不能在其进食时去完成其他工作事项而离开老年人左右，还需要防止老年人抢食；对需要帮助进食的老年人，养老护理员不能给老年人摆好餐具、食物后，由其自行进食。养老护理员要执行机构制定的老年人进食时的操作规范。

二、相关第三方给老年人进食的噎食风险防范

有些亲朋探望老年人，出于好意会给老年人进食。虽然这是亲朋主动实施的行为，但是养老机构作为专业服务机构，亦需要做好风险防范，应提示亲朋不要擅自给有噎食风险的老年人进食，如果经允许给老年人进食，应先由养老护理员准备好符合老年人身体状况的食物，在做好安全防护措施的情况下给予进食。

6.2 防食品药品误食

本部分是对养老机构防止老年人误食食品、药品的要求。老年人在养老机构内生活，保障进食的安全是养老机构的责任，本标准对养老机构确保老年人不发生误食提出了具体要求。

> 6.2.1【**定期检查**】 应定期检查，防止老年人误食过期或变质的食品。

条文主旨

本条是对养老机构防止老年人误食过期或变质食品的要求。

条文释解

一、本条中的“定期检查”

本标准中没有规定“定期检查”的频率和期限，养老机构应以能达到发现食品过期或变质的目的自行确定如何做到“定期检查”。

二、检查的内容包括食品的保质期及是否变质

对于有保质期的食品，应查看食品包装标示的保质期，没有标示的可从外观上看有无变质。如果是山寨产品、没有标注保质期的包装食品，应列为不适合老年人食用的食品。对散装食品，宜从外观上检查是否已变质。

三、应做好检查记录

为了规范护理服务的管理，对食品的保质期及品质进行检查时，应作记录。发现异常的，应记录处置措施及最终处理结果。

> **6.2.2【不适合老年人食用食品的处置】**
> 发现老年人或相关第三方带入不适合老年人食用的食品，应与老年人或相关第三方沟通后处理。

条文主旨

本条是对养老机构防止老年人或相关第三方带入不适合老年人食用食品的要求。

条文释解

一、不适合老年人食用食品的判断

本条文中的“不适合老年人食用”，是指个性化的不适合，每个老年人不相同，不能一概而论。从本标准的要求看，主要指两种食品。一种是与老年人的吞咽能力不匹配的食品，包括经加工后老年人仍无法吞咽的食品。这需要根据老年人的吞咽能力、食品的可二次加工改良的可能性来确定。另一种是与老年人的病症、服用的药物相冲突的食品，这需要根据病症、服药的禁忌来确定。

养老机构可以根据实践经验，对老年人或相关第三方经常带入的食品进行分类，便于工作人员确定哪些食品属于不适合老年人食用的食品，并可以制作成文件交给工作人员执行，告知老年人或相关第三方。

二、养老机构有“发现”不适合老年人食用食品的责任

养老护理员是与老年人或相关第三方第一线接触的工作人员。所以养老护理员需要注意观察老年人或相关第三方带入的食品，并判断是否适合老年人食用。如果不适合老年人食用，应及时采取处置措施。

三、不适合老年人食用食品的处理

本条文的要求是“应与老年人或相关第三方沟通后处理”。处理的方式要与老年人或相关第三方协商，要么带回，要么先由养老护理员保管，再另行处置，一般不宜再放置于老年人处。

四、应做好安全防护记录

发现老年人或相关第三方带入不适合老年人食用的食

品，应记录处置过程及结果。

6.2.3【服药管理要求】 提供服药管理服务的机构，应与老年人或相关第三方签订服药管理协议，准确核对发放药品。

条文主旨

本条是对养老机构提供服药管理服务的要求。

条文释解

一、本标准没有强制要求养老机构为老年人提供服药管理服务

养老机构既可以提供服药管理服务，也可以不提供服药管理服务。本条文只适用于“提供服药管理服务的机构”。当然，从老年人的客观需要出发，养老机构一般都提供服药管理服务。

二、养老机构应与老年人或相关第三方签订服药管理协议

这一要求在《养老机构服务质量基本规范》（GB/T 35796—2017）中也有相应规定。若养老机构提供服药管理服务，却未签订服药管理协议，要及时补上。签了服药管理协议，不一定就不会再出现差错；但是如果出了差错，却未签服药管理协议，就可能被认定为存在过错。所以为了防止出现不必要的风险，对需要提供服药管理服务的老年人，养老机构应按照本条文的要求，与其签订服药管理协议，以确定具体的服务内容，包括但不限于代为配药、提醒服药、保管药物、协助服药等。

本条文规定的服药管理协议的对方当事人是老年人或相关第三方。据此，如果老年人是完全民事行为能力人，可以直接与老年人签订服药管理协议；如果老年人是限制民事能力人或者无民事行为能力人，应与相关第三方签订服药管理协议。谨慎起见，即便老年人是完全民事行为能力人，也宜与老年人及相关第三方共同签订服药管理协议，如果相关第三方一时不方便，可以先行告知相关情况，此后补签。

三、准确核对发放药品

本条文要求发放药品要做到“准确核对”，即需要做到人药一致，数量、种类、服药时间正确。值得注意的是，本条文对发放药品的工作人员没有执业资格要求，养老护理员也可以发放药品。

要做到“准确核对”发放药品，首先要把好接收药品关。养老机构在接收药品时，应核查老年人或相关第三方交付药品的有效期、数量，及服用方法。老年人或相关第三方可以提供处方的，按照处方载明的服用方法予以记录；不能提供处方的，按照老年人或相关第三方告知的服用方法予以记录。老年人或相关第三方需要在养老机构的接收药品记录上签字确认。

养老机构可以根据院内老年人的多少采取适当的发药方式，至少需要两个工作人员核对。养老护理员在给老年人服药时，应按照收药时记录的服药方法最终核对，并做好药品服用记录。养老机构宜根据机构内部的药品周转流程做好交接记录，防止药品流转不明、责任人不确定的情况发生。

6.2.4【**发生误食的处理**】 发生误食情况时应及时通知专业人员。

条文主旨

本条是对养老机构发生老年人误食情况时的处置要求。

条文释解

如果老年人发生误食情况，应立即通知专业人员，并收集食品、药品的外包装及剩余的部分以供查明误食的食品、药品性状，为查明误食的不良后果和救治措施提供依据。

6.3 防压疮

根据《养老机构预防压疮服务规范》（MZ/T 132—2019）第2.1条规定，压疮是指“由于人体局部组织长期受压，发生持续缺血、缺氧等而致的组织破损、溃烂、坏死”。预防压疮是养老机构应负的强制性义务。这并不是说养老机构按照风险评估，且执行了预防压疮的防护措施，老年人就不会发生压疮。这里要注意的是“预防”义务。

对有些老年人来说，压疮是内因引发的，根本原因在于老年人的体质，而养老机构采取的防范措施都是外在的，只能在一定程度上延缓压疮的发生或者减少压疮发生的概率。所以从法律责任承担的角度来说，养老机构是否对老年人发生压疮承担责任，则需要判断养老机构采取的压疮预防措施是否符合本标准的要求，如果养老服务合同的约定预防措施高于本标准要求，则要看是否符合合同的约定。

6.3.1【**预防压疮检查事项**】 应对有压疮风险的老年人进行检查：皮肤是否干燥、颜色有无改变、有无破损，尿布、衣被等是否干燥平整。

条文主旨

本条规定了对评估存在有压疮风险的老年人必须检查皮肤状况、尿布衣被的干燥平整情况。

条文释解

《养老机构预防压疮服务规范》（MZ/T 132—2019）规定，“5.1.1 检查宜在生活照料过程中同步进行”，“5.1.3 交接班时，应一同检查压疮高危风险各等级的服务对象，确认有无压疮发生”。

一、预防压疮检查的对象是有压疮风险的老年人

要注意的是，凡是经评估有压疮风险的老年人，都需要进行预防压疮检查。

二、预防压疮检查的内容

作为强制性标准，本条文规定的检查内容是确定的，包括两方面：一是皮肤，需要检查三项，即皮肤是否干燥、颜色有无改变、有无破损；二是与皮肤接触的用品，需要检查两项，即尿布、衣被等的干燥情况、平整情况。预防压疮的检查一共包括两方面五项。

三、预防压疮检查的时机

根据《养老机构预防压疮服务规范》（MZ/T 132—2019）第5.1条规定，可以在对老年人进行日常生活照料时进行检查。对压疮风险等级高的老年人，应在交接班时一同进行检查。

> 6.3.2【预防压疮措施】 预防压疮措施应包括：变换体位、清洁皮肤、器具保护、整理床铺并清除碎屑。

条文主旨

本条规定了四种预防压疮的措施。

条文释解

养老机构应根据老年人的情况采取上述措施的一种或数种。这四种预防压疮的措施可以参照《养老机构预防压疮服务规范》（MZ/T 132—2019）的要求执行。该规范规定：

一、变换体位

当压疮风险评估为有低度高危及以上风险时，应变换体位，要求如下：

1. 自主变换，督促、提醒、鼓励卧床服务对象经常变换体位，减轻骨骼隆突部位压迫；

2. 被动变换，帮助无自主翻身能力的服务对象翻身，应至少每2小时翻身1次；

3. 使用轮椅的服务对象应每半小时变换姿势1次；

4. 翻身和移动时，应避免拖、拉、推等动作，防止擦破皮肤。

二、辅具保护

当压疮风险评估为中度高危及以上风险时，宜使用辅具，要求如下：

1. 卧姿时，可选用防压疮床垫、翻身辅助垫等辅具，在身体空隙处放置软垫（枕），降低骨骼隆突部位压力；

2. 坐姿时，可配备辅助坐垫，在身体空隙处放置软垫；

3. 可按医嘱要求使用护架，用护架抬高被、毯，避免局部受压；

4. 应按辅具使用规定变换体位，浸湿后及时更换。

三、清洁

在服务过程中，床铺应保持干燥、平整、无碎屑；身体各部位皮肤应保持干燥；洗浴与擦浴，浴后应擦拭干净皮肤；手术、创伤、意识障碍等不适合洗浴的服务对象，应安排擦浴；擦拭时应用力均匀，避免揉搓皮肤。

被、服等被伤口分泌物浸湿时，应即时更换；便溺秽物、大小便失禁、呕吐及出汗等，应即时轻拭清洁，尿布、被服随湿随换；宜用温清水清洗会阴部，并擦干；应使用无破损的便器，避免硬塞硬拉；宜在便盆边缘上垫软纸或布垫；应避免服务对象直接卧于橡胶单或塑料布上。

同时该规范还提出了营养摄入、原发病处置、心理支持、健康教育的预防方法，养老机构根据自身的服务能力也可以借鉴。

> 6.3.3【**记录检查情况**】　应对检查情况予以记录。

条文主旨

本条明确了对预防压疮检查情况予以记录的要求。

条文释解

虽然本条文仅规定了对检查情况予以记录，但养老机构不宜仅记录检查情况，还需要对预防压疮措施的实施进行记录。“检查情况”只是发现问题，“实施预防压疮措施”是解决问题，发现问题的目的在于解决问题。所以从防范法律风险角度看，养老机构要如实记录预防压疮措施的实施情况，一旦老年人发生了压疮，就能证明采取了预防措施。预防压疮需要对如下事项做好记录：

一、对有压疮风险老年人检查的记录

本标准中仅规定了对有压疮风险老年人的检查内容，但没有规定养老机构对老年人进行检查的频率。养老机构需要针对不同风险等级的老年人规定具体的检查频率，并按照检查频率进行检查，由检查人签字确认。检查中发现异常的，应提出处置措施。

二、预防措施实施的记录

这包括两方面的记录：一方面是根据压疮风险评估确定的常规预防措施，另一方面是针对检查过程中发现问题采取的处置措施，由措施实施人签字。

三、压疮发生后处置措施的记录

如果老年人发生了压疮，养老机构应及时采取救治措施，并告知相关第三方。需要送医治疗的，应要求相关第三方安排老年人就医。养老机构需要对发生压疮后采取的处置措施详细记录。在实践中，老年人发生压疮引发并发症最终导致死亡的案例时有发生，要引起足够重视。

四、对老年人、相关第三方告知压疮风险的记录

在入院时，应根据老年人的原发病、活动能力情况告知老年人、相关第三方：即便护理人员尽职尽责照护，也存在发生压疮的风险。在服务过程中，发现老年人可能存在发生压疮风险的，一方面要及时采取措施，另一方面也要将相关情况告知相关第三方。护理人员要在与老年人日

常沟通、家属探望时，随时进行压疮知识的教育。养老机构工作人员需要对告知压疮风险的情况进行记录，必要时可以书面告知相关第三方，由第三方签字确认。相关第三方不签字的，由工作人员在告知书上注明情况，并签字确认。

6.4 防烫伤

本部分规定了五种烫伤风险情形下的防范措施。发生了这五种情形中的任一种情形导致老年人伤亡的，养老机构都面临承担相应责任的风险。

养老机构应让各部门排查可能导致老年人遭受烫伤的因素，采取相应的防范措施，并定期对可能引起老年人烫伤的因素进行检查，消除可能引发老年人烫伤的隐患。

特别值得注意的是，这里的防烫伤要求针对的是所有老年人。

6.4.1【**倾倒热水的防护要求**】 倾倒热水时应避开老年人。

条文主旨

本条规定的是养老护理员倾倒热水时的烫伤风险防护。

条文释解

倾倒热水一般会发生在为老年人洗脚、准备饮用水等情境下。本条文规定的措施是“避开老年人”。所以养老护理员在为老年人准备适宜温度的水的时候，不应该有老年人在旁边。这意味着养老护理员即便提醒老年人不要碰热水或者远离热水，但因养老护理员倾倒热水时老年人在旁边而发生了老年人烫伤事故的，养老机构仍应承担责任。因此养老机构在制定给老年人洗脚、喂水等服务操作规范时，应注意本条文的要求。

6.4.2【**洗漱等防护要求**】　洗漱、沐浴前应调节好水温，盆浴时先放冷水再放热水。

条文主旨

本条规定的是为老年人提供洗漱、洗澡服务时的烫伤风险防护。

条文释解

本条文情形下的烫伤风险通过改善硬件设施就可以有效解决，如恒温水龙头、可以控制最高水温的热水器等。在硬件设施还达不到本标准要求的情况下，要让养老护理员掌握控制水温的操作规范，由养老护理员调节好水温再开始提供服务。

> 6.4.3【**饮食防护要求**】 应避免老年人饮用、进食高温饮食。

条文主旨

本条规定的是老年人饮水、进食中的烫伤风险防护。

条文释解

养老机构提供给老年人的饮用水、食物都应当是温度适宜的。在冬春季节、夏秋季节要对食物、饮用水的温度做不同的调节，冬春季节可以稍高于夏秋季节。对不同身体状况的老年人，温度控制要有所不同。“避免”老年人饮用、进食高温饮食是养老机构的责任。

> 6.4.4【**高温设施设备防护要求**】 应避免老年人接触高温设施设备与物品。
>
> **示例：**开水炉、高温消毒餐具、加热后的器皿。

条文主旨

本条规定的是高温设施设备与物品的烫伤风险防护。

条文释解

这里规定的养老机构义务也是“避免”老年人接触。

养老机构应为放置高温设施设备的场所设置门锁，并张贴安全标志，防止老年人进入；对不宜设置门锁的设施设备与物品，应采取其他措施防止老年人接触。

养老机构不应允许老年人自行使用电饭锅、电磁炉、微波炉、烤箱等设备。

> 6.4.5【**使用取暖物防护要求**】 使用取暖物时，应观察老年人的皮肤。

条文主旨

本条规定的是老年人使用取暖物时的烫伤风险防护。

条文释解

本条文要求养老机构“应观察老年人的皮肤”。由于老年人的肢体感觉迟钝，耐受性差，老年人使用取暖物方法不当容易发生烫伤。据研究，接触70℃的温度持续一分钟，接触60℃的温度持续五分钟以上时，皮肤可能就会被烫伤，能够引起皮肤烫伤的最低温度为44℃。[①] 养老机构尤其应注意防范老年人低温烫伤的风险。

一、加强对老年人取暖物品的使用监管

在入院时应告知相关第三方需要限制老年人使用的取暖物品。老年人常用的暖手宝、电暖气、电热毯、热水袋、暖宝宝等都要纳入监管。发现有不允许使用的取暖物品的，应让相关第三方带回；允许使用的，则需要在使用过程中观察老年人的皮肤有没有发生烫伤。

二、对养老护理员开展取暖物品使用方法的培训

必要时才可以使用经确认为安全的取暖物，但忌用取暖物直接接触皮肤。使用取暖物时间不宜过长，最好是睡觉前放在被子里先暖被窝，睡觉时取出，尽量避免整夜置于被窝内。如果使用热水袋，应先检查有无橡胶老化、渗漏，以防使用过程中发生爆裂。实践中，有些养老机构会把热水袋用布套起来再给老年人使用，也是有效的措施之一。使用取暖物的情况，应作为交接班的内容之一。

---

① 凌峭、鞠斐：《高龄老年人低温烫伤原因分析及预防护理》，载《中国医药导刊》2012年第6期（总第104期）。

6.4.6【安全警示标识】 应有安全警示标识。

条文主旨

本条是对有烫伤风险部位的安装安全警示标识的要求。

条文释解

本条文要求对存在烫伤风险的区域或设施设备，应以适当的方式标示安全警示标识，提示烫伤风险。

具体适用请参见“4.2【使用安全标志】”。

6.5 防坠床

坠床事故是养老机构常见的老年人伤亡事故之一。如果养老机构能减少老年人坠床发生的风险，伤亡事故发生的概率也会相应降低。

从实践来看，坠床发生的原因主要有老年人的行为辨识能力下降，在需要养老护理员帮助的情况下自行下床；老年人过于自信，肢体控制能力下降，行动稳定性差等。

> 6.5.1【重点观察与巡视】 应对有坠床风险的老年人重点观察与巡视。

条文主旨

本条是对有坠床风险的老年人进行观察与巡视服务的要求。

条文释解

本条文要求主要体现在“重点”两个字上。养老机构如何做才算对有坠床风险的老年人做到了“重点”观察与巡视？这是养老机构在实践中要不断总结和摸索的。可以从如下几个方面考虑：

一、要重观察

养老机构一般都按照要求开展巡视，但是如果不重观察，可能就流于形式，仅有“巡”而无“视”了。只有重观察，才能发现老年人的需要，才可能把老年人坠床风险控制在苗头上。

二、不能“巡”而不“视”

在巡视记录上，要重点标出有坠床风险的老年人，以提示养老护理员对其重点关注。养老护理员对有坠床风险的老年人宜在巡视时询问有无上下床的需要，与其做简单的交流。

6.5.2【**帮助上下床**】 应帮助有坠床风险的老年人上下床。

条文主旨

本条是针对坠床风险评估中有坠床风险的老年人在上下床时的服务要求。

条文释解

这一条的要求比较高，为了防止老年人坠床，本标准要求对有坠床风险的老年人都提供帮助上下床服务。

一、对有辨识自己行为后果的老年人进行宣教

养老机构对经评估有坠床风险，且可以辨识自己行为后果的老年人，宜向老年人及其相关第三方宣教：

1. 在需要上下床时按呼叫按钮，在护理人员的帮助下方可上下床；

2. 老年人不可自行上下床。自行上下床的，则坠床风险由其自行承担；

3. 相关第三方须配合劝导老年人使用呼叫按钮呼叫养老护理员；

4. 对宣教情况做好记录，由老年人及相关第三方签字确认。

发现老年人没有按照宣教内容执行的，要及时采取进一步措施。

二、对不能辨识自己行为后果的老年人采取进一步措施

对经评估有坠床风险且不能辨识自己行为后果的老年人而言，要求其按呼叫按钮是不现实的。对这样的老年人宜加强观察与巡视，及时帮助老年人上下床，在确有必要的情况下可以采取一定保护性束缚措施，以防老年人自行上下床发生坠床事故。

在入住时，应告知相关第三方养老护理员不是随时在老年人身边陪护（特别约定养老护理员随时陪护的除外），在养老护理员巡视的间隙老年人可能会自己上下床，并可能由此发生老年人坠床事故，并提示若相关第三方不同意对老年人采取束缚性措施，则风险更大。

> 6.5.3【**拉好床护栏**】　睡眠时应拉好床护栏。

条文主旨

本条要求养老机构在老年人睡眠时拉好床护栏。

条文释解

要注意的是，这里针对的是全部老年人，无论有无坠床风险，只要老年人睡觉就应当拉好床护栏。实践中有些能自理的老年人拒绝拉起床护栏，需要进行特别风险告知。

在巡视时，发现老年人未将床护栏归位的，应及时拉好，并在此时对老年人进行宣教，解释说明相关情况，告知将床护栏归位的危险性。对多次不停劝说的老年人，应予以特别关注。养老护理员应做好有关情况的记录。

6.5.4【**检查床单元安全**】　应检查床单元安全。

条文主旨

本条明确了对床单元安全的检查要求。

条文释解

本条文要求养老机构检查床单元安全。床单元属于养老机构提供给老年人使用的硬件设施。保证这些设施处于可使用状态是养老机构的基本义务。

一、应制定床单元安全检查操作指引

养老机构应根据床单元设施的新旧程度、可靠性确定床单元安全检查的频次，按照床单元包含的设施对需要检查的项目予以列明。检查人员需要逐项检查，并予以记录。每一床单位检查完毕后，检查人员应在检查记录上签字确认。笔者曾经遇到一起这样的事故，在老年人的床头上方有一个置物架，由于失修脱落，砸到了正在休息的老年人的头部，导致老年人遭受伤害，从而引发了一场诉讼。还有一起事故，养老护理员帮助老年人进食，需要将老年人的护理床头部抬高，在摇把手的过程中控制高度的撑杆断裂，导致老年人突然下落，造成老年人骨折。这些都是因没有定期检查床单元的安全而发生的事故。

二、及时维修

老年人、护理人员对床单元报修的，维修人员应及时前往检查、维修完毕，并做记录。

6.6 防跌倒

老年人跌伤是养老机构最常见的伤害事故，也是引发养老机构与老年人及相关第三方争议最多的因素。养老机构都希望老年人在机构内能平平安安，更应该在防止老年

人跌倒风险方面下大功夫。

> 6.6.1【保持地面干燥、畅通】 老年人居室、厕所、走廊、楼梯、电梯、室内活动场所应保持地面干燥，无障碍物。

条文主旨

本条规定了养老机构在六处场所为防止老年人跌倒应采取的措施。

条文释解

本条文规定的六处场所分别是老年人居室、厕所、走廊、楼梯、电梯、室内活动场所，要采取的措施包括保持地面干燥，无障碍物。

一、保持地面干燥

在雨雪天、梅雨季节需要特别注意及时清理水渍、防潮。这看起来容易，但要持续保持干燥，实则不易。只要有老年人在这六处场所因为水渍、潮湿发生跌倒事故，养老机构都要承担责任，而不会考虑养老机构是否刚刚清理过，却又被弄湿等情形。养老机构应时时安排人清理容易产生水渍、潮湿的区域。

必要时，养老机构也可以从硬件上进行改善，如梅雨季节防潮，可以采购一些除湿机提供帮助。为了降低老年人跌倒发生的概率，养老机构对老年人的鞋子、出行提出参考性建议，并进行安全宣教，如不穿拖鞋、穿着防滑性能好的鞋子等。

二、无障碍物

养老机构可以将六处区域划分给具体的责任人，定期对本条文提到的六处区域进行检查，发现有障碍物的立即予以清除，确保老年人通行无障碍。在有工程项目施工时，更应注意安全防护措施执行到位，以防给老年人通行造成障碍。

6.6.2【**观察服药后反应**】 应观察老年人服用药物后的反应。

条文主旨

本条是对养老机构关注老年人因服药导致不良反应的安全防护要求。

条文释解

老年人大都患有多种疾病，需长期服药，但由于老年人的代谢能力下降，药物在体内停留的时间相对延长。有些药物会造成老年人腿软、嗜睡、意识混沌等，影响到老年人的意识、视觉、步态、平衡等，从而导致老年人跌倒。养老机构应观察老年人服药后的反应，以及时采取防范措施。

一、护理人员对服用易导致不良反应药物的老年人应重点观察

可致老年人跌倒的药物主要有降压药、降糖药、抗精神病药、抗抑郁药、抗癫痫药、利尿药物、氨基糖苷类抗菌药、止痛药等。[①] 养老机构在收到这些药物时宜：

1. 告知老年人及相关第三方服用此类药物会导致发生跌倒的风险增加。机构会根据老年人服药后的反应情况采取保护性措施，若在服药期间发生跌倒，该风险应由老年人及相关第三方承担。

2. 注意重点标记有服药不良反应的老年人，提示养老护理员予以关注，在服药后需要观察老年人的反应。

二、针对有不良反应的老年人，护理人员应及时采取措施

养老护理员需要发现老年人服药后是否存在头晕、乏力、腿软、意识模糊等状况，并针对具体情况采取相应的

---

① 梅清华：《老年人跌倒或与药物反应有关》，载《健康报》2015年5月2日。

防范措施，对能辨识自己行为后果的老年人说明服药后的注意事项，对不能辨识自己行为后果的老年人应采取保护性束缚措施等。若老年人服药后的不良反应比较严重，且防范措施执行过程中存在较大难度，养老机构宜告知相关第三方相应的风险。

三、做好护理服务记录

养老机构针对本条文需要：

1. 进行接药时的跌倒风险宣教并记录，让老年人及相关第三方知晓服药可能会增加老年人跌倒的风险。

2. 记录护理人员发现的老年人服药后的不良反应及已经采取的防范措施。

3. 如果需要采取束缚性措施，应取得相关第三方的同意。

> 6.6.3【**移动时防护措施**】 有跌倒风险的老年人起床、行走、如厕等应配备助行器具或由工作人员协助。

条文主旨

本条是养老机构对有跌倒风险的老年人在活动过程中需要采取防范措施的要求。

条文释解

值得注意的是，从本条文来看，有跌倒风险的老年人在活动的全过程均需要采取防跌倒措施。

一、梳理有跌倒风险老年人的活动过程确定跌倒风险点

本条文列举了起床、行走、如厕三个跌倒风险点。这些只是部分风险点，还有洗漱、起立、就座等。养老机构应根据每个有跌倒风险老年人的活动特点，分析其跌倒的风险点，对跌倒的风险点做重点防范。

二、按照老年人跌倒风险的评估等级确定防范措施

本条文列示了两种措施，即配备助行器具、由工作人员协助。具体执行何种措施，养老机构应根据评估结果确定。养老机构如果发现需要调整防范措施，应及时予以调整。

> 6.6.4【**清洁服务时防护要求**】 地面保洁等清洁服务实施前及过程中应放置安全标志。

条文主旨

本条是对养老机构工作人员在实施清洁服务前及过程

中应放置安全标志的要求。

条文释解

一、应在清洁服务全过程中放置安全标志

这里要注意，“清洁服务”是指全部的清洁服务，不仅指老年人活动的公共区域，还包括老年人生活的居室，只要是会给老年人活动带来不便的清洁服务都要放置安全标志。实践中，服务人员在公共区域打扫卫生、拖地往往会放置安全标志，而在老年人居室内却容易放松警惕。

二、在检查、维修设施设备服务中要放置安全标志

这一点很容易被养老机构忽视。养老机构在检查、维修设施设备过程中可能会给老年人造成行动障碍的，均须放置安全标志，提示老年人绕道行走，对实施检查、维修需要过夜的场地，还要视情况设置警示灯。

6.7 防他伤和自伤

养老机构发生老年人伤害他人、自伤事件屡见不鲜，有些是老年人遇到了生活上的各种不如意而有预谋、积极实施的，而有些则是老年人生活能力、精神意识的衰退所导致，并非本人主观希望发生的。养老机构有为老年人提供精神慰藉服务的义务，如果能及时发现老年人的精神异常状况，并采取干预措施，对预防老年人发生他伤或自伤事件会有积极意义。养老机构没有尽到该义务，导致老年人发生伤害事故的，应按照没有尽到该义务在老年人伤害事故中的过错程度承担相应责任。

6.7.1【干预疏导及告知相关第三方】 发现老年人有他伤和自伤风险时应进行干预疏导，并告知相关第三方。

条文主旨

本条是对养老机构发现老年人有他伤和自伤风险时应采取防范措施的要求。

条文释解

一、及时发现老年人他伤或自伤的风险

在进行入院服务安全评估的过程中，养老机构可能无法发现老年人有他伤或自伤的风险。尽管如此，仍应当根据相关第三方的陈述，对老年人的他伤或自伤风险进行评估。相关第三方在评估过程中陈述不真实，并由此导致伤害事故发生的，责任在相关第三方。

在服务过程中，养老护理员应注意观察老年人的情

绪、语言、精神状态、行为、与其他老年人的交往等方面，有异常表现的，宜多加留意，及时发现老年人是否存在他伤或自伤的风险。养老护理员善于观察，并负有责任心，对于及时发现老年人自伤或他伤风险极为重要。

二、发现他伤和自伤风险时应进行干预疏导

对老年人的异常表现，要做到早发现早干预，绝不能迟滞拖延。发现有他伤或自伤风险的老年人，需要对老年人的精神状况进行评估，以确定老年人的他伤或自伤风险是否来源于其精神异常。如果与其精神状况有关，则应协助老年人及相关第三方进行治疗，并及时采取其他可以控制、防止老年人发生他伤或自伤行为的措施。如果是由于其他原因导致老年人出现他伤或自伤风险，养老机构应针对发生的原因采取解决措施，需要社工介入的，社工应作为个案接案，参照民政部行业标准《社会工作方法 个案工作》（MZ/T 094—2017）要求的工作方法为老年人提供服务。

三、应将他伤或自伤风险告知相关第三方

养老机构在发现老年人有他伤或自伤风险时，应立即告知相关第三方，并告知其机构可以采取的防护措施以及存在的安全风险。如果需要第三方协助处理，也应向相关第三方提出要求。

四、做好安全防护服务记录

养老机构在发现老年人有自伤或他伤风险时即应做好

安全防护服务记录，需要记录发现时老年人的状况、采取的干预措施、通知相关第三方的情况，直至老年人他伤或自伤风险消除。

> 6.7.2【**危险物品管理**】 应专人管理易燃易爆、有毒有害、尖锐物品以及吸烟火种。

条文主旨

本条是对危险物品种类及专人管理的要求。

条文释解

本条文是对易燃易爆、有毒有害、尖锐物品以及吸烟火种等危险物品的管理要求。养老机构应派专人管理这些有危险的物品。

一、对机构的危险物品情况进行摸底

养老机构需要调查机构内部及可能带入机构的危险物品种类、数量、储存位置、使用岗位，以了解机构内存在的危险物品总体情况。这是有效管理危险物品的前提。

二、落实危险物品的专人管理要求

养老机构对采购的危险物品应实施过程化管理，做到全程可追溯、责任人明确，采购、入库、出库、领用，每一个环节都清晰可查。

按照本标准的要求，危险物品不能在老年人的控制之下。如果老年人带入危险物品，应交给工作人员保管。老年人在需使用危险物品时，应向工作人员提出，并在监督下使用。

三、宜制定危险物品的管理制度

在对危险物品调查的基础上，结合本机构的管理现状，制定本机构的危险物品管理制度，并在执行过程中进行检查与改进。放置危险物品的房间、箱柜等应加锁，随开随关，防止被老年人盗用。

四、做好危险物品管理记录

危险物品的领用、交回等流转记录可以帮助查找危险物品的去向、管理漏洞。所以工作人员应做好危险物品的管理记录。

6.7.3【**他伤或自伤事故的处置**】 发生他伤和自伤情况时，应及时制止并视情况报警、呼叫医疗急救，同时及时告知相关第三方。

条文主旨

本条是对发生他伤或自伤情况时养老机构应采取的处置措施要求。

条文释解

发生自伤或他伤事件的，养老机构有两项主要义务：一是开展紧急救助；二是查清事情发生的经过，并及时告知相关第三方。

一、应及时制止并视情况报警、呼叫医疗急救

（一）及时制止与视情况呼叫医疗急救

“应及时制止”针对的是正在发生的他伤或自伤情形。无论老年人是发生他伤，还是自伤，或者其他不明原因的伤害，养老机构都应根据自身掌握的资源状况、尽己所能地立即采取与老年人伤害情形相匹配的救助措施。

不同的养老机构所掌握的紧急救助资源是不一样的，如有的内设有医疗机构（医疗机构的服务能力有差别）、距离高水平医院的远近有差别等。所以不同的养老机构可以采取的救助措施、及时程度会有差别。养老机构可以在老年人办理入住手续时向老年人及相关第三方告知本机构医疗资源的局限性。

这里需要注意的是，发生他伤或自伤情况是否需要呼叫医疗急救，不需要征求相关第三方的意见。养老机构应根据现场情况自行作出判断，因征求第三方的意见延误救治的，需要承担相应责任。

老年人伤害的严重程度有时是很难判断的。从过往

法院审理的案例来看，如果对老年人伤害严重程度无法判断，宜按照可能引发的较为严重的情况来作出决定。有的老年人发生伤害事故后自觉无碍，不愿意就医，相关第三方也要求不要送医，但是最终延误诊治的，司法机关仍可能会以养老机构没有尽到谨慎的救助义务，认定养老机构有过错。

（二）视情况报警

根据《110接处警工作规则》（2003年4月30日颁布）第十四条规定，110报警服务台受理报警的范围，包括：（1）刑事案件；（2）治安案（事）件。第二十九条规定，发生溺水、坠楼、自杀等状况，需要公安机关紧急救助的，110报警服务台会受理求助。所以在发生老年人他伤或自伤事件时，如果后果较为严重或者情况紧急，应及时报警或求助。公安机关的介入会帮助养老机构留下事件发生现场、事实经过的证据。如果家属借机闹事，公安机关也可以更方便地参与处理。养老机构应根据客观情况决定是否报警，不能被相关第三方的意见所左右。

根据《中华人民共和国精神卫生法》第二十八条的规定，如果老年人因精神障碍实施自伤或他伤行为的，养老机构应及时报警，在公安民警的协助下将老年人送往医疗机构进行精神障碍诊断。

二、同时及时告知相关第三方

养老机构应该及时把老年人发生自伤或他伤的情况告知相关第三方。在告知相关第三方前，养老机构应尽快梳理出确定无疑的事实，并书面固定处理后续事务的统一情况说明，对工作人员口述的、推测的等所有不能确定的情况不要向相关第三方陈述。在此之后与相关第三方的沟通过程中，宜统一由同一个工作人员作为接口，防止发生陈述事实不一致的情况。

对于应当告知相关第三方的情况宜及时告知，不应因机构可能会承担责任而向相关第三方隐瞒有关情况，否则可能会形成养老机构越来越被动的局面。

三、收集、保存证据

发现老年人自伤或他伤时应注意以适当的方式收集证据，如事发现场的照片、视频；向工作人员所做的调查笔录；监控；微信、QQ 聊天记录；电话录音等。收集到这些证据之后应持续存储在取证时的原始工具中，不能剪切，直至事件处理完毕；如果需要转发，应以复制的方式完成。

四、做好安全防护服务记录

自发现老年人自伤或他伤事件时起，工作人员即应做好安全防护记录：

1. 记录发现自伤或他伤事件的时间、在场的人员、现场的状况，以及当时采取的处置措施；

2. 记录告知相关第三方的时间、相关第三方的身份情况，以及相关第三方的要求、答复的情况；

3. 记录后续处理的经过，包括与相关第三方或老年人沟通、看望的时间、反馈等。

这样的记录过程要一直持续到事件处理完毕。

6.8 防走失

本部分是对养老机构防止老年人走失的要求。2016年，中民社会救助研究院联合今日头条发布了《中国老年人走失状况白皮书》，调查显示每年全国走失老年人约有50万人，平均每天约有1370名老年人走失；从年龄上看，65岁以上老年人容易走失，比例达到80%以上；迷路、精神疾病和老年痴呆是老年人走失的重要原因。其中，经过医院确诊的老年痴呆症患者占到总比例的25%。[①] 可见走失是老年人的常发风险之一，而且大部分是在没有可靠的诊断结论下发生的。虽然前文引用的是2016年的调查数据，但从2016年以来老年人的数量在不断增加，由此推测

---

① 《〈中国老年人走失状况白皮书〉发布》，载中国新闻网，http://www.chinanews.com/sh/2016/10-09/8025356.shtml，最后访问时间：2020年9月18日。

老年人走失的数量减少的可能性不大。所以养老机构防范老年人走失是一项重要任务。

> 6.8.1【在院检查确认】 有走失风险的老年人应重点观察、巡查，交接班核查。

条文主旨

本条是对在养老机构内有走失风险的老年人的管理要求。

条文释解

一、应重点观察、巡查有走失风险的老年人

在定时巡查时应重点观察有走失风险的老年人是否在机构内。如果巡查时未看到有走失风险的老年人，应及时查找。在实践中，我们多次听到有的养老机构虽然关好了大门，可有的老年人甚至可以翻墙离开机构。所以及时发现、及时查找是必须坚持做的工作。巡查有异常情况的，应及时在巡查记录上记录，并采取处置措施。

二、交接班核查有走失风险的老年人

在交接班时需要确定有走失风险的老年人是否都在位，并将此作为交接内容之一，记录在交接班记录上。

6.8.2【办理外出手续】 有走失风险的老年人外出应办理手续。

条文主旨

本条是对有走失风险的老年人外出的防范措施要求。

条文释解

仅从条文的内容看，有走失风险的老年人办理相应手续是可以外出的，但是对办理哪些手续本条文并未规定。实践中，养老机构与相关第三方、老年人会约定老年人能否自主外出，可以自主外出的，老年人自行外出即可；不能自主外出的，需要相关第三方陪同才能外出。

按照本标准的要求，养老机构需要对老年人是否有走失的风险进行评估。评估为有走失风险的老年人，外出时应办理手续。出于谨慎考虑，对有走失风险的老年人应要求相关第三方办理请假手续并陪同才可以外出。

当然，如果养老机构对老年人的走失风险进行分级，对有走失风险但可控的老年人，也可以考虑在经相关第三方同意后办理请假手续允许自行外出。在此情形下，应告知相关第三方老年人离开机构的时间，确保老年人联系方式畅通，供相关第三方掌握老年人是否按预定的时间到达目的地。养老机构还应当在预定到达目的地时间与相关第三方或老年人联系，确定老年人是否抵达。如果有异常情况应及时采取处置措施。

如果老年人不幸走失的，养老机构应及时向 110 报警求助。根据《110 接处警工作规则》第二十九条的规定，老年人、儿童以及智障人员、精神疾病患者等人员走失，需要公安机关在一定范围内帮助查找的，公安机关应受理救助请求。

6.9 防文娱活动意外

本部分是对养老机构开展文娱活动过程中防止发生意外的要求。开展文娱活动是《养老机构管理办法》第十七条规定的养老机构义务之一。老年人从离开居室到活动场所参与活动，最后回到居室，每个环节发生意外的风险都比仅在居室内大。但是为了减缓老年人活动能力的衰退，丰富老年人的精神生活，养老机构应鼓励老年人积极参与文娱活动，并做好意外风险防范。

6.9.1【**观察老年人状态**】 应观察文娱活动中老年人的身体和精神状态。

条文主旨

本条是对养老机构开展文娱活动中防范意外发生的措施要求。

条文释解

在活动过程中，养老机构需要观察老年人的身体和精神状态，及时发现老年人的异常状况。

一、对参加文娱活动的老年人进行筛查

养老机构在发布文娱活动通知时，应注意提醒哪些老年人不宜参加。在文娱活动开始前，也要注意观察哪些老年人可能不适宜参加，并采取适当的措施，可以采取在场观看、直接参与活动、劝离等措施。

在文娱活动策划过程中，要考虑是否需要安排医护人员的支持，以及时应对可能发生的突发情况。

二、在文娱活动过程中注意观察老年人的身体和精神状态

根据参加文娱活动人数的多少，养老机构应安排适当数量的工作人员，防止人员过少，不能观察到所有的老年人。发现老年人身体或精神状况有异常的，应及时采取应对措施。

6.9.2【**活动场所防护**】 应对活动场所进行地面防滑、墙壁边角和家具防护处理。

条文主旨

本条是对养老机构活动场所的安全防护要求。

条文释解

活动场所内的地面要进行防滑处理。墙壁边角、家具不能有尖角。有尖角的，应做防护处理。养老机构可以对活动场所进行全面的检查，对不符合要求的部位进行整改。

对活动场所内设施设备应定期检查，并张贴使用说明，防止发生意外事故。

7 管理要求

这部分内容是针对服务安全风险管理的要求，包括应急预案、评价与改进、安全教育。

养老机构需要根据该部分内容的要求制定相应的规章制度，并有相应的档案资料作为执行本标准的支持性证据。

7.1 应急预案

2007年11月，国家发布了《中华人民共和国突发事件应对法》，以预防和减少突发事件的发生，控制、减轻和消除突发事件引起的严重社会危害，规范突发事件应对活动。在此基础上，2013年国务院发布了《突发事件应急预案管理办法》。该办法第九条规定，单位和基层组织应急预案由机关、企业、事业单位、社会团体和居委会、村委会等法人和基层组织制定，侧重明确应急响应责任人、风险隐患监测、信息报告、预警响应、应急处置、人员疏散撤离组织和路线、可调用或可请求援助的应急资源情况及如何实施等，体现自救互救、信息报告和先期处置特点。据此规定，养老机构应根据该办法制定本单位的应急预案。

7.1.1【应急预案的制定与演练】 应制定噎食、压疮、坠床、烫伤、跌倒、走失、他伤和自伤、食品药品误食、文娱活动意外突发事件应急预案，并每年至少演练1次。

条文主旨

本条规定了养老机构预防服务安全事件最低限度的要求。

条文释解

养老机构预防服务安全事件的最低限度要求包括：第一，制定九项服务风险的应急预案；第二，每年至少针对应急预案演练1次。

2017年，民政部发布的《养老机构服务质量大检查指南》中有关于突发事件的应急处置检查内容。各养老机构不管是出于满足质量检查的需要从形式上制定了应急预案，还是出于有效处置服务风险的目的制定了应急预案，应当说目前绝大多数养老机构都已经有了应急预案。但是，大多数养老机构都只是做到了“有”应急预案，距离应急预案切实发挥作用还相当远。本条文要求每年至少开展 1 次应急预案演练，是要求养老机构不仅要有预案，更要做到有能发挥作用的应急预案。

民政行业标准《养老机构安全管理》（MZ/T 032—2012）设专章规定了突发事件应急管理，《养老机构服务质量基本规范》（GB/T 35796—2017）加以引用。这些标准的要求比本条文要求要高，养老机构可以参照适用。

一、制定九项服务安全风险的应急预案

养老机构需要根据《突发事件应急预案管理办法》的规定，针对每一项服务安全风险制定有针对性的应急预案，并根据实践中执行、演练的情况进行改进。

（一）编制应急预案的步骤

养老机构可以组建应急预案编制工作小组，在开展风险评估和应急资源调查的基础上进行编制应急预案。可以按如下步骤开展：

第一，先进行风险评估，针对突发事件特点，识别事件的危害因素，分析事件可能产生的直接后果以及次生、衍生后果，评估各种后果的危害程度，提出控制风险、治理隐患的措施。

第二，再开展应急资源调查，全面调查本单位第一时间可调用的工作人员、装备、物资、场所等应急资源状况

和区域内可请求援助的应急资源状况，为制定应急响应措施提供依据。

第三，编制应急预案。根据风险评估情况及应急资源调查结果，编制应急预案。

第四，最后对编制的应急预案进行审核，包括预案是否符合有关法律、行政法规，是否与有关应急预案进行了衔接，各方面意见是否一致，主体内容是否完备，责任分工是否合理明确，应急响应级别设计是否合理，应对措施是否具体简明、管用可行等。必要时，可组织有关专家对应急预案进行评审。

（二）应急预案的内容

目前国务院各部门、各地政府制定有总体公共事件预案、专项应急预案，大都包括总则、组织体系、运行机制、应急保障、监督管理等内容。养老机构可以参照当地政府的应急预案内容制定本机构的服务安全应急预案。

二、每年至少开展一次应急预案演练

养老机构应将应急预案作为新员工入职培训的内容，在每个员工办理入职手续后进行培训。在每年的演练之前也要进行应急预案的培训。

在应急预案演练完成后，应当组织演练评估。评估的主要内容包括：演练的执行情况，预案的合理性与可操作性，指挥协调和应急联动情况，应急人员的处置情况，演练所用设备装备的适用性，对完善预案、应急准备、应急机制、应急措施等方面的意见和建议等，为应急预案的修订提供依据。

应认真制作预案演练的档案资料，包括但不限于应急预案培训的记录，应急预案演练的视听资料、图片，演练后的整改记录等。这些资料可以作为发生相关老年人伤亡事故诉讼时佐证养老机构尽到安全注意义务的辅助性证据，为法官作出判决时的自由心证提供支撑。

7.1.2【**突发事件报告**】 应制定突发事件报告程序。

条文主旨

本条是对养老机构制定突发事件报告程序的要求。

条文释解

养老机构应结合当地民政部门对突发事件的报告规定，制定本机构的突发事件报告程序。对不需要报告至民政部门的突发事件，由养老机构根据突发事件的严重程度确定内部报告程序即可。

7.2 评价与改进

本部分是对养老机构执行本标准的效果进行评价与改进的要求。

服务质量管理中最实用、最流行的工作方法是 PDCA 循环。PDCA 循环最早是由美国质量管理专家休哈特博士提出的，由戴明采纳、宣传，成为被全世界公认的实用管理方法，所以又称戴明环。PDCA 循环把质量管理分为四个阶段，即计划（Plan）、执行（Do）、检查（Check）、处理（Act），要求各项工作按照作出计划、计划实施、检查实施效果、总结经验教训的步骤进行并调整改进，然后将成功的内容予以标准化，存在的问题留待下一循环去解决。

本部分是 PDCA 循环管理方法在服务安全防护管理中具体应用的体现，属于 PDCA 循环的检查（Check）、处理（Act）环节。

> 7.2.1【**评价频次**】 应每半年至少对本标准涉及的服务安全风险防范工作评价 1 次。

条文主旨

本条是对养老机构开展服务安全风险防范工作评价频次的要求。

条文释解

养老机构应当按照本标准的要求，每半年至少开展一次服务安全风险防范工作评价，以检查机构根据本标准设定的工作机制是否在发挥作用以及作用如何。

《养老机构服务质量基本规范》（GB/T 35796—2017）在第七部分“服务评价与改进”中规定，养老机构“宜采取日常检查、定期检查、不定期抽查、专项检查等方式进行内部评价。每年开展不少于1次的自我检查，并形成检查报告”。这里规定的内部评价方式对本标准执行也具有意义，养老机构可以采取日常检查、定期检查、不定期抽查、专项检查等方式随时监督本标准的执行情况。养老机构执行本标准开展半年一次的服务安全风险防范工作评价，也应作出评价报告，并记录整改措施及效果。

养老机构可以制定执行本标准的评价工作细则，使本标准的评价工作制度化、规范化。

7.2.2【**整改、排除安全隐患**】 服务及评价中发现安全隐患应整改、排除。

条文主旨

本条是对养老机构发现安全隐患的要求，应随时发现，随时整改、排除的要求。

条文释解

虽然前面的条文规定了对服务安全风险防范工作进行评价，以发现执行本标准中存在的安全隐患，但是在实践中安全隐患不仅可以在评价过程中发现，在服务过程中也有可能发现，甚至会发现机构制定的实施本标准的工作要求本身也存在安全隐患或不适当之处。所以养老机构的工作人员应做到发现安全隐患后及时整改、排除，不能拖延。

7.3 安全教育

本部分内容是对依据本标准采取的安全防范措施开展安全教育的要求。制定再多的安全风险防范措施，如果不能得到有效执行，都只是纸上谈兵。能使安全防范措施得到执行的重要途径就是教育，即让一线员工了解安全防范措施的内容，掌握具体的操作方法。所以养老机构需要有计划地开展安全教育。

> 7.3.1【**安全教育年度计划**】 应制定安全教育年度计划。

条文主旨

本条是对养老机构制定安全教育年度计划的要求。

条文释解

《中华人民共和国安全生产法》第二十一条第三项规定，生产经营单位的主要负责人对本单位安全生产工作负有的责任之一，为组织制定并实施本单位安全生产教育和培训计划。据此，养老机构院长的工作职责包括组织制定养老机构安全教育年度计划。在发生重大安全生产事故时，养老机构没有安全教育计划的，院长有可能被认为严重失职，玩忽职守。所以养老机构院长应按照本标准的要求积极组织相关部门制定安全教育计划。

养老机构需要梳理开展安全教育的内容，按照轻重缓急进行分类，制定具体的安全教育年度计划。本部分以下四个条文从教育对象角度提出了具体的安全教育要求。养老机构可以围绕这些要求制定安全教育年度计划。

7.3.2【**从业人员安全教育**】 养老机构从业人员上岗、转岗前应接受安全教育。

条文主旨

本条是对养老机构从业人员岗前安全教育的要求。

条文释解

这一要求源于《中华人民共和国安全生产法》第二十八条第一款规定，“生产经营单位应当对从业人员进行安全生产教育和培训，保证从业人员具备必要的安全生产知识，熟悉有关的安全生产规章制度和安全操作规程，掌握本岗位的安全操作技能，了解事故应急处理措施，知悉自身在安全生产方面的权利和义务。未经安全生产教育和培训合格的从业人员，不得上岗作业”。

岗前安全教育，既包括入职后开始参加工作前的安全教育，也包括在工作过程中变更工作岗位前的安全教育。条文中的“从业人员”不仅指养老护理员，还指其他各岗位的工作人员。养老机构中其他岗位的安全教育包括消防安全、食品安全、用电安全、燃气安全、特种设备安全等。养老机构可以梳理各岗位需要掌握的安全操作技能、应急处理程序，形成具体的规章制度，在新员工入职及在职员工转岗时，可以方便地开展安全教育。

> 7.3.3【**岗位安全、职业安全教育**】 养老机构从业人员每半年应至少接受1次岗位安全、职业安全教育，考核合格率不低于80%。

条文主旨

本条是对从业人员进行常规安全教育及考核的要求。

条文释解

养老机构在制定安全教育年度计划时，应规定每半年不得少于1次安全教育，且考核合格率不低于80%。安全教育常教常新，警钟长鸣，只有不断地开展教育，才能让安全意识永驻。

本标准要求养老机构每半年至少对从业人员进行1次安全教育，且需要考核，目的在于让安全教育落到实处，不能流于形式。虽然，养老机构院长心里很清楚要重视安全，但是对如何重视安全、要采取哪些措施往往是思路不清楚的。这样导致的结果就是院长对自己摸不着底的事情往往会感到恐慌。养老机构管理人员要想睡得安稳，就不能把安全挂在口头上，而要落在实处：一方面就是要排查机构内安全隐患在哪里，制定相应的防范措施，定期检查监督；另一方面就是要对从业人员进行安全教育，让从业人员知道有哪些安全风险，每个人都要做些什么防止发生安全事故。因此本标准要求对从业人员定期进行安全教育，养老机构对此应真抓实干、贯标达标。

7.3.4【**相关人员的安全教育**】 相关第三方、志愿者和从事维修、保养、装修等短期工作人员应接受养老机构用电、禁烟、火种使用、门禁使用、尖锐物品管理安全教育。

条文主旨

本条明确了安全教育应延伸至相关第三方、志愿者、短期工作人员。

条文释解

本条文进一步扩展了安全教育的对象，要求养老机构对相关第三方、志愿者和从事维修、保养、装修等短期工作人员进行安全教育。

对这些人的安全教育限于其可能与老年人发生接触的范围，需要其知晓养老服务的特殊性，可能给老年人生活带来的危险因素，主要包括用电、禁烟、火种使用、门禁使用、尖锐物品管理。

一、对相关第三方的安全教育

相关第三方是与老年人接触多，且与老年人较为亲密的人。一方面相关第三方有协助养老机构对老年人开展安全教育的义务，另一方面也可能由于其对老年人安全风险认识不足，作出增加老年人安全风险的行为。所以对其进行安全教育是必要的。

养老机构需要通过安全教育，让相关第三方了解老年人住养期间可能面临的安全事项，以及为了老年人的安全防护需要，相关第三方需要配合、协助的事项。如果在老年人入住前就对相关第三方进行安全教育，既可以体现养老机构服务的专业性，也可以让相关第三方更好地理解、认识养老服务的特殊性，这对后续服务的便利性会大有裨益。养老机构可以通过发放安全宣传手册、播放安全教育视频的方式，对相关第三方开展安全教育，与此同时应做好教育记录。这可以作为相关第三方认可老年人在养老机构存在安全风险的证据。

在老年人住养过程中，如果有新的安全注意事项，应及时告知相关第三方，对其进行安全宣教。

二、对志愿者的安全教育

志愿者的爱心是非常宝贵的，但是好心办坏事的情况时有发生。本标准要求对志愿者进行安全教育就是为了避免志愿者忽视安全风险。志愿者在开展志愿活动前，应接受养老机构的安全教育。养老机构应预先了解志愿者的服务主题和内容、使用的工具等，针对服务确定安全风险的来源，有针对性地对志愿者进行安全教育，并让志愿者的负责人进行确认。

三、从事维修、保养、装修等短期工作人员的安全教育

在养老机构内从事短期工作的人员，往往习惯于依赖过往的工作经验，对养老机构内部的安全风险认识不足。他们使用的工具以及在操作过程中用电、火，都可能给养老机构带来巨大的安全风险。而且操作场地如果安全防护不规范，导致老年人误入或者严重影响老年人通行，易造成老年人跌倒摔伤事故。因此在短期工作人员开始工作前，养老机构应向其进行安全交底，防止因麻痹大意导致不良后果。

7.3.5【**老年人安全宣教**】 应对老年人开展安全宣传教育。

条文主旨

本条是对养老机构对老年人开展安全宣传教育的要求。

条文释解

本标准是对养老机构服务安全风险的强制性要求。老年人作为被防护的对象也应具备安全防护的知识，才能协助配合做好安全防范。所以对老年人开展安全宣传教育是养老机构安全防护的应有之义。

一、入住时应进行安全宣教

根据老年人的辨识能力，让老年人知晓房间内、公共区域的安全风险因素。在生活中应注意远离安全风险。同时应根据能力评估结果及安全风险评估情况，向老年人说明其生活中面临的安全风险。虽然有些老年人可能无法完全理解、认识安全风险，但是由于养老护理员也很可能无法准确判断哪些内容老年人可以理解、认识，因此进行适当、全面的宣教仍是有必要的。

二、在服务过程中应随时进行安全教育

随着老年人在养老机构中生活的时间越来越长，养老护理员对老年人的认知能力会有更为准确的判断。养老护理员应根据老年人的记忆力、辨识能力等个性化情况，对老年人开展有针对性的安全教育。而且要尽可能对教育的事项进行简要记录。必要时，可以与家属进行沟通。

三、针对自理老年人集中开展安全教育

由于自理老年人活动能力强，其面临的安全风险也较多。针对自理老年人可以集中开展交通安全、消防安全、安全防护等内容的教育。当然，教育形式可以多样化，既可以是集中讲座，也可以是小组分享，甚至可以寓教于乐，在游戏活动中分享安全知识。

参考文献

［1］GB/T 35796—2017　养老机构服务质量基本规范

［2］中华人民共和国老年人权益保障法. 全国人民代表大会常务委员会. 2018 年 12 月 29 日

［3］国务院办公厅关于推进养老服务发展的意见. 国办发〔2019〕5 号. 2019 年 3 月 29 日

下　篇

养老机构服务纠纷案例评析

案例一：杭州市某养老机构喂食服务过程中噎食事故纠纷案[①]

【裁判要旨】

养老机构经能力评估确定老年人进食需极大帮助或完全依赖他人，应在喂食过程中尽更高的审慎注意义务。发生噎食后，养老机构工作人员虽拨打120，但因自身专业知识欠缺，未抢救成功。养老机构在喂食过程中及噎食后的处理均存在过错。但老年人自身已患帕金森病二十年，完全不能自主进食，在入住养老机构前每月均会发生噎食一至两次，其自身身体状况是导致其死亡的主要原因。

【关键词】　噎食；抢救；赔偿责任

【法院认定事实】

王某患帕金森病二十余年，生活无法自理，于2017年8月5日入住被告杭州某养老机构处。同日，王某、王某龙（系王某之子）与被告签订《入住协议》一份，约定：甲方（养老机构）按照特级护理级别为乙方（王某）提供居住、餐饮、养护、活动等服务。在入住期间，如乙方发

① 参见浙江省杭州市余杭区人民法院（2019）浙0110民初11852号民事判决书、浙江省杭州市人民法院（2020）浙01民终752号二审民事裁定书。

生疾病、自杀、自残或者遭受非甲方原因所致的意外人身伤害，被告负责通知王某龙或其他联系人，并联系急救中心，由相关医疗机构采取抢救措施。因甲方重大过失造成乙方人身伤害或财产损失的，甲方承担赔偿责任。

入住被告处当天，王某龙在填写24小时日程表时手写以下内容：上午早饭一般在起床后，起床时间不确定（凌晨或清早），清洁脸、手，漱口后进早饭，饭后漱口休息，偶尔看电视，11时左右吃一片美多芭（抗帕金森药），12时左右若药效发作，可以吃饭，只需打好饭菜，老人可自己吃；若长时间无药效需喂饭，以质软、好咽的食物为宜。17时左右吃一片美多芭，起床后吃晚饭。同日，被告对王某能力评估中的进食评估为：需极大帮助或完全依赖他人，或有留置营养管。王某龙签署《入住养老院老人潜在意外风险告知书》："……老人吞咽协调能力下降，有可能饮食过程中出现噎食乃至窒息……上述情况属老人存在的安全风险，严重时可危及老人生命。因意外情况院方不承担责任。"

2018年1月31日，被告对王某又进行了能力评估，进食项目（用餐具将食物由容器送到口中、咀嚼、吐咽等过程）仍为需极大帮助或完全依赖他人，或有留置营养管。日常生活活动重度受损。经过评估，王某的能力等级为特级，收费标准为2500元/月。

2019 年 4 月 22 日，被告为王某提供的晚餐食物为面条。17 时许，被告的护理员在喂食王某面条时发生噎食，主管赶往王某房间，采取紧急措施。17 时 16 分，被告的护理员拨打了 120，并通知王某家属。医生赶到后采取了抢救措施，王某经抢救无效死亡。居民死亡医学证明（推断书）载明死亡时间为 2019 年 4 月 22 日 17 时 20 分。直接死亡原因为：气管内异物，发病至死亡大概间隔时间为 20 分钟。引起直接死亡的疾病或情况为：吸入或咽下食物引起的呼吸道梗阻。引起吸入或咽下食物引起的呼吸道梗阻的疾病为帕金森病。

王某的近亲属作为原告向法院提起诉讼，请求判令被告赔偿原告各项损失共计 593115 元。

【法院裁判】

法院认为，本案争议焦点为被告对王某的死亡是否应承担侵权赔偿责任。

王某在被告护理员喂食时发生噎食致死，被告知晓王某患帕金森病，且对王某的进食项目评估为需极大帮助或完全依赖他人，被告应在喂食王某的过程中尽更高的审慎注意义务。王某发生噎食后，被告工作人员虽拨打 120，但因自身专业知识欠缺，未抢救成功。被告在喂食王某过程中及王某噎食后的处理均存在过错，应承担相应的责任。

王某死亡时，已患帕金森病二十年，完全不能自主进食，在入住被告处前每月均会发生噎食一至两次，其自身身体状况是导致其死亡的主要原因。

经审理，法院综合王某的死亡原因、双方的过错程度、服务费用以及养老护理行业本身具有的公益性等情况，酌情确定被告对原告各项经济损失承担30%的赔偿责任，判令被告赔偿原告160234.5元，并赔偿精神损害抚慰金15000元。

【案例分析】

一、法院判决理由分析

从上述裁判理由来看，法院认为养老机构承担责任的主要原因在于两点：一是养老机构没有对有较大噎食风险的老年人尽到更高的审慎注意义务，二是养老机构的工作人员没有急救的专业知识。

（一）王某的噎食风险与养老机构的防范措施

本案中法院查明的有关噎食风险事实有三点：

1. 原告王某龙在王某入住时的陈述。王某龙告知养老机构，王某服用美多芭（抗帕金森药）若药效发作，可以吃饭，只需打好饭菜，可自己吃；若长时间无药效需喂饭，以质软、好咽的食物为宜。

2. 养老机构的老年人能力评估及喂食服务。该养老机构在老年人入住时和入住约半年后分别进行了能力评估，均确定王某“需极大帮助或完全依赖他人，或有留置营养管”，并据此为老年人确定了喂食服务。

3. 法院在审理过程中调查的事实，即在入住被告处前，王某每月均会发生噎食一至两次。

由上可见，养老机构对王某进行了能力评估，确定了王某进食需要极大帮助或完全依赖他人。评估的结果也与王某龙的陈述基本一致。

从认定被告养老机构没有尽到更高的审慎注意义务来看，法院显然认为养老机构经评估确定王某进食需要极大帮助或完全依赖他人并提供喂食服务，与王某所面临的噎食风险是不相匹配的。也就是说，相对于王某噎食的高风险，养老机构仅仅提供喂食服务是不够的。虽然法院没有指出养老机构要如何操作才算尽到了更高的注意义务，但从本标准要求养老机构需要提供与老年人身体状况相适应的食物的规定来看，本案中被告养老机构提供的食物是与王某的身体状况不适应的。

（二）养老机构的工作人员没有掌握急救的专业知识

该案例中发生噎食时护理员本身没有采取措施，而是护理主管赶到后采取紧急措施。养老机构的工作人员没有按照专业的急救方法采取措施，存在不适当之处。养老机构的工作人员应当掌握有关噎食的急救方法。

二、本案例对本标准适用的启示

（一）需要对噎食进行专项安全风险评估，并划分等级

本案例中，养老机构对王某进行了能力评估，确定王某进食需极大帮助或完全依赖他人，或有留置营养管。但对王某到底需要多大程度的帮助或是完全依赖他人，并无进一步评估。王某的噎食风险到底有多大是不明确的，也就使得养老机构无法判明对王某的噎食风险防范要采取哪些措施、仅提供喂食是否足够、是否还需要改变食物的状态或需要采取其他措施。

所以，对噎食风险进行进一步的安全风险评估，是养老服务安全的客观需要，也是养老服务专业化的必然要求。本案例说明，本标准要求进行噎食专项安全风险评估，并划分风险等级，是非常必要的。

（二）养老机构需要针对噎食风险等级采取相应的防范措施

本标准提出了两个要求，一是食物要符合有噎食风险的老年人身体状况，二是有噎食风险的老年人进食时要在工作人员的视线范围内或由工作人员帮助进食。这两项要求的实现，就需要按照风险等级来设定具体的举措。

本案中，王某进食的是面条。面条是否适合王某的身体状况，以及面条在什么状况下可以食用，就需要确定。

帮助进食可以分成喂食、鼻饲，可见帮助的方法也要确定。所以对有噎食风险的老年人要采取相应的防范措施，仅确定需要极大帮助是不够的。

（三）有效执行噎食事故应急预案

本标准要求养老机构制定噎食事故应急预案，并每年至少演练一次。从本案来看，这一要求也是客观需要的。虽然本案发生在本标准实施之前，但是养老机构的工作人员在发生老年人伤害事故时，应运用急救的专业知识，及时采取急救措施。从养老机构专业化服务的要求来说，这应属于应急预案的内容要求之一。所以如果养老机构的工作人员不具备急救的专业知识，法院会认为养老机构存在过错。因此，养老机构应按本标准的要求，制定噎食事故应急预案并进行演练，有效执行之。

三、风险告知在养老服务安全风险防范中的意义

本案中，养老机构在王某入住时对王某龙进行了风险告知，并让其签署了《入住养老院老人潜在意外风险告知书》，告知王某龙“……老人吞咽协调能力下降，有可能饮食过程中出现噎食乃至窒息……上述情况属老人存在的安全风险，严重时可危及老人生命。因意外情况院方不承担责任”。

法院并不会由此判定养老机构不承担责任。噎食的风险广泛存在，仅告知风险是没有意义的，不能证明养老机构已谨慎地尽到了注意义务。更重要的是针对老年人的噎食风险，养老机构采取了哪些措施以避免该风险。如果养老机构采取了与老年人噎食风险相匹配的防范措施，仍然发生了噎食事故，养老机构无须承担责任。所以在风险告知中仅仅列明免除责任的内容，并不能被法院所接受，法院反而可能会认为养老机构已经意识到了相应的安全风险，却没有采取有效的应对措施，从而认定养老机构须承担责任。

就噎食风险告知而言，养老机构需要对老年人进行评估，确定其风险等级，并根据风险等级确定防范措施。在噎食风险评估、防范措施适当的情况下，这些内容由老年人或相关第三方确认之后，养老机构应严格按照确定的防范措施执行。如果在此情形之下仍然发生了噎食事故，可以认为属于意外事故，养老机构没有责任。但是仍需要注意的是，如果老年人的身体状况发生了变化，可能发生新的噎食风险时，应重新评估，并再次确定相应的防范措施。

【相关规定】

《中华人民共和国民法典》

第一千一百六十五条第一款　行为人因过错侵害他人民事权益造成损害的，应当承担侵权责任。

第一千一百七十九条　侵害他人造成人身损害的，应当赔偿医疗费、护理费、交通费、营养费、住院伙食补助费等为治疗和康复支出的合理费用，以及因误工减少的收入。造成残疾的，还应当赔偿辅助器具费和残疾赔偿金；造成死亡的，还应当赔偿丧葬费和死亡赔偿金。

第一千一百八十三条　侵害自然人人身权益造成严重精神损害的，被侵权人有权请求精神损害赔偿。

因故意或者重大过失侵害自然人具有人身意义的特定物造成严重精神损害的，被侵权人有权请求精神损害赔偿。

案例二：上海市某养老机构因老年人取食馒头发生噎食事故纠纷案[①]

【裁判要旨】

在养老护理员为老年人准备食物时，需要喂食帮助的老年人自行取食发生噎食事故，发生了老年人死亡事件。120急救医生事后推断的死亡原因虽与噎食无关，但养老机构在公安机关调查时陈述老年人系因噎食致死，在老年人遗体已火化，丧失尸检时机的情况下，如没有相反证据可以推翻养老机构的先前陈述，应认定老年人的死亡为噎食所致。

【关键词】 噎食；放置食物；死亡原因

【法院认定事实】

2017年4月29日，陈某入住上海某养护院，约定由养护院为陈某提供全护理服务，其中进食一项包括“喂食、饮水、食物切碎或搅拌”。入院调访表显示，陈某进食需要大部分帮助。

---

① 参见上海市浦东新区人民法院（2018）沪0115民初67225号民事判决书、上海市第一中级人民法院（2019）沪01民终3608号民事判决书。

2018年6月29日6时36分，浦东急救中心接到养护院的呼救电话。7时左右，接诊医生赶到养护院处，发现陈某已经死亡。9时54分，陈某的外孙报警，称陈某在该养护院处吃东西噎死了，请民警到场处理。10时20分，公安机关调查时，陈某的儿子、养护院的院长、护理员均陈述，陈某是在护理员分发食物时，自行取食搁在床头柜上的馒头，进而发生了噎食事故。

11时18分，公安机关询问养护院的护工赵某，赵某陈述："6月29日6时15分许，我们护理员开始分发早饭，将馒头等东西分发给在住的一些老人，当时陈某用右手拿取了放在床头柜上的馒头，之后在旁的另外一个护工任某也叫喊起来了。我看到陈某吃馒头后有噎着的情况就上前喂他喝水。随后还有其他护工过来拍他后背，但最后陈某还是死亡了。""就是他自己拿馒头吃，然后不慎噎住而死亡的。""我们护工其实已经很小心了。但想不到放在床头柜上的馒头会被他拿着吃。其实我们不慎操作的确有责任。"11时30分，公安机关询问养护院的法定代表人黄某，黄某陈述："我是今天7时14分接到养护院总值班的电话，说有一个叫陈某的老人吃馒头噎死了，然后我就赶过来了。我过来的时候120急救车已经到了，心电图已经是一条直线了。陈某这个老人已经没有生命体征了。我也了解了一些情况，是这个叫陈某的老人吃了馒头噎死的。"

“是陈某吃馒头噎死的，家属对死亡原因也没有异议。”“是早饭分发了刀切馒头，然后陈某自己吃了噎死的。”“陈某是全护理的，现在发生吃馒头的死亡事故，责任是我们养护院一方的，没有尽到看护、护理的责任。”“是我们养护院管理不当的责任和护理中未尽责的责任。”另查明，公安机关开具的陈某殡葬证记载死亡原因为“其他非正常死亡”。

当日，浦东急救中心出具了《居民死亡医学证明书》。在第三联公安警署存根和第四联家属保存联上的主要死亡原因为“车到人已死亡”，在第二联的死亡原因处填写为“a.（直接死亡原因）车到人已死亡；b.（引起 a 的疾病或情况）多器官衰竭；c.（引起 b 的疾病或情况）脑梗塞”。2018 年 11 月 10 日，浦东急救中心对陈某的《居民死亡医学证明书》进行情况说明：“追问养护院知情的陪护人员患者陈某病史，仅诉其因脑梗塞后遗症瘫痪在床多年，发现时已经呼吸心跳停止。家属到达现场后表示放弃抢救，拒绝送医院，并要求开具《居民死亡医学证明书》。鉴于家属及养护院知情人员对陈某属于正常死亡无异议，故本中心医务人员出具一份陈某的《居民死亡医学证明书》……并将家属提供的陈某生前病史及症状体征情况记录在《居民死亡医学证明书》第二联背面的调查记录栏内，由家属确认签字，确认调查记录是由家属提供并对推断的死亡原因无任何异议。”“填写陈某死亡原因中的 b 项疾病：多器官衰竭、c 项疾病：脑梗塞，均为死后推断。”

陈某的近亲属作为原告向法院提起诉讼，请求判令：1. 被告赔偿原告各项损失 256917 元，包括丧葬费、死亡赔偿金、精神损害抚慰金、办理丧葬事宜交通费、误工损失、律师费；2. 被告退还原告入院押金 3000 元。

原、被告在法院审理过程中，对陈某的死亡原因发生争议。被告养老机构认为应按照 120 急救中心开具的《居民死亡医学证明书》确定死因为脑梗塞，而原告则认为应为噎食事故直接导致的陈某死亡。

【法院裁判】

法院认为，陈某的死亡原因应当以尸体解剖或者死因检查的结论为准，但本案中，陈某的尸体已经火化，丧失了进行死亡原因鉴定的条件。因此，一审法院将根据已查明的事实及现有证据进行判断。

就养护院所提交的证据而言，不能证明陈某是脑梗塞导致死亡。养护院提交的《居民死亡医学证明书》第二联记载了陈某是脑梗塞导致多器官衰竭死亡，但浦东急救中心在情况说明中已经明确，以上所填写的死亡原因均为死后推断，并未对陈某进行过尸体解剖或死亡检查。因此，《居民死亡医学证明书》中关于陈某“脑梗塞”导致“多器官衰竭死亡”的记载，不能证明陈某系脑梗塞导致死亡。

就原告所提交的证据而言，已经足以使一审法院确信，养护院的不当护理行为导致陈某死亡这一事实具有高度可能性，理由是：

1. 养护院的行为导致原告无法提供证明陈某死亡原因的直接证据，可以推定死亡原因对养护院不利。养护院法定代表人事发后反复向公安机关表示，陈某死亡是养护院的责任，鉴于养护院愿意承担全部责任，原告未要求尸检而直接将尸体火化。换言之，正是养护院同意承担全部责任的行为，使得原告失去了要求尸检并提供相应证据的机会，阻碍了原告对死亡原因的举证，相应的不利后果应由养护院承担。

2. 养护院欲否认其此前对不利事实之承认，但未提交充分的相反证据。养护院法定代表人和护理人员向调查此事的公安机关明确承认了于己不利的事实，从逻辑上讲，一般人不可能主动虚构明显于己不利之事实，并向公安机关陈述、签字确认。因此，如其提交的证据不足以推翻其此前对不利事实的承认，应当认定其所作的不利陈述属实。

3. 公安机关开具的殡葬证显示陈某非自身健康原因导致死亡。公安机关开具的陈某殡葬证记载，陈某的死亡原因为“其他非正常死亡”，据此，公安机关认可陈某的死亡并非其内在的自身健康原因所致。

本案中，养护院未按养老服务合同的约定，将食物切碎后喂给需要进食帮助的陈某，该不当护理行为导致陈某死亡，由此造成了原告的损失，养护院依法应当承担侵权责任。但陈某不顾自身状况自取食物，对死亡后果也有一定过错，可以减轻养护院的责任。

经审理，一审法院考虑陈某自身认知能力欠缺，酌情确认由养护院对原告的损失承担70%的赔偿责任，判令被告赔偿原告的合理损失，包括丧葬费、死亡赔偿金、家属交通费、家属误工费共计186046元；被告赔偿精神损害抚慰金35000元、律师费5000元；被告退还原告入院押金3000元。

一审法院宣判之后，原、被告均不服一审法院判决，提起上诉。二审法院支持了一审法院的判决理由，判决驳回上诉，维持原判。

【案例分析】

在法院审理过程中，本案主要解决的问题是如何确定陈某的死亡原因。原告主张应按照养老机构向公安机关的陈述作为判定陈某死亡的依据，被告则主张按照120急救医生出具的《居民死亡医学证明书》作为判定陈某死亡的依据。法院认为陈某的死因本应通过尸检来确定，但由于陈某的遗体已经火化，不再具备尸检的条件，只能通过现有证据来判断。从高度盖然性角度分析，法院支持了原告的主张。通过这个案例，我们可以得出如下启示：

一、需要对噎食事故的风险因素进行甄别，制定相应的防范措施

本案噎食事故发生在养老护理员在为老年人分发食物时。养老护理员将食物放置在了老年人可以够到的床头柜上，导致老年人自行取食发生了事故。本案的事故发生在放置食物的环节，养老护理员没有预见到由此可能发生的噎食风险，或者对此已习以为常，或者过于自信从而认为不会发生风险。

结合本标准的要求，引发噎食事故的风险主要有：(1) 老年人的吞咽能力与食物形态、养老护理员帮助方法的匹配风险；(2) 养老护理员在分发食物时放置位置不当的风险；(3) 相关第三方带入食物放置位置不当的风险；(4) 养老护理员帮助进食时的风险（喂食、鼻饲）；(5) 相关第三方帮助进食时的风险；(6) 有噎食风险老年人自主进食时脱离养老护理员视线的风险；(7) 发生噎食事故时急救措施不当的风险。

养老机构需要在实践中不断总结老年人发生噎食风险的来源，并采取相应的风险防范措施。

二、发生老年人伤亡事故应急处理的重要性

公安部门在事发当日进行调查时，养老机构承认噎食导致陈某死亡，并表示愿意承担赔偿责任。但在解决赔偿问题过程中提出急救医生出具的死亡证明中载明的死因并不是噎食事故，而是脑梗塞。由此引发原、被告的民事诉讼。本案对养老机构来说，教训是极为深刻的。

本案事发经过是养老护理员发放食物时，由于陈某擅自取食发生了噎食事故。养老护理员采取了喂水、拍背的救助措施，至于陈某是因噎食直接导致的死亡，还是因噎食引发了其他疾病而发生的死亡，抑或是其他原因，是不明确的。所以在公安机关调查时，能够明确的是护理员在放置食物时位置不当导致食物被陈某取食，对这一点养护院是有责任的，至于陈某的死因为何当时并不清楚。

由本案来看，养老机构在发生老年人伤亡事故时，最初只能描述看到、听到的现场的状况和经过核实确定的经过，仅陈述事实，而不宜对事故的原因作出推断，更不能把推定的情况告知相关第三方。

本标准要求养老机构应制定噎食的应急预案。在应急预案中应包括接受公安机关调查、通知相关第三方发生事故时，如何表述有关事实、事故发生经过的内容。有应急预案，并进行培训、演练才能在发生事故时临危不乱，节奏有序。这不仅是本标准的要求，更是养老机构自我保护的法宝。

【相关规定】

一、**《中华人民共和国民法典》**

第一千一百六十五条第一款　行为人因过错侵害他人民事权益造成损害的，应当承担侵权责任。

第一千一百七十三条　被侵权人对同一损害的发生或者扩大有过错的，可以减轻侵权人的责任。

二、**《最高人民法院关于适用〈中华人民共和国民事诉讼法〉的解释》**

第一百零八条　对负有举证证明责任的当事人提供的证据，人民法院经审查并结合相关事实，确信待证事实的存在具有高度可能性的，应当认定该事实存在。

对一方当事人为反驳负有举证证明责任的当事人所主张事实而提供的证据，人民法院经审查并结合相关事实，认为待证事实真伪不明的，应当认定该事实不存在。

法律对于待证事实所应达到的证明标准另有规定的，从其规定。

案例三：上海市某养老机构需要协助进食的老年人发生噎食事故纠纷案[1]

【裁判要旨】

老年人在入住养老机构时经能力评估确定需要以切碎、搅拌等方式协助进食，而护理员却径直将食物交给老年人自主进食，导致老年人发生噎食事故的，养老机构未尽到合理合法限度范围内的安全保障义务，应承担主要赔偿责任。

【关键词】　噎食；协助；赔偿责任

【法院认定事实】

屠某某因脑梗塞长期卧床，生活无法自理，原在他处接受养老服务。2018 年 1 月 4 日，屠某某转入某敬老院接受养老护理服务，入院前经评估为六级照护等级，进食自理能力重度异常。

当日，屠某某、赵某某与某敬老院签订养老服务合同及补充协议，约定服务期限为 2018 年 1 月 4 日至 2019 年 1 月 3 日，屠某某照护等级为最高等级六级，每月服务费用

---

① 参见上海市徐汇区人民法院（2018）沪 0104 民初 13724 号民事判决书。

(护理、床位) 3900 元;“乙方(屠某某)和丙方(赵某某)权利义务”约定“丙方应关心乙方在院情况,定期探望,并及时提供所需生活用品。探望时所带食物应保证质量合格、符合防噎食等安全要求”。免责条款约定:“乙方入住甲方(某敬老院)期间,如非护理不当(不听从工作人员劝告擅自行动等)而造成的意外(包括但不限于自伤、自杀、跌倒、噎食、走失、烫伤、出血、压疮、误服、醉酒、溺水、猝死等以及因乙方骨质疏松等原因即便护理用力得当仍发生的骨折),后果由乙方和丙方承担。”

首次服务项目确认表显示,屠某某进食需要喂食,食物需要切碎或搅拌;首次入住健康状况介绍显示,屠某某患有高血压、冠心病、糖尿病、骨质疏松、低蛋白血症、右腹股沟疝。

当日,某敬老院亦进行了供养监护人知情同意及安全宣教内容的告知,其中有关噎食风险事项的告知内容为:“您的老人,因体质衰退、自身疾病或喂食时突发疾病等原因,导致吞咽功能障碍,喂食时极易造成噎食窒息意外。为预防老人发生窒息意外,院方已采取如下措施:1. 设置防噎食标识,引起护理部、家属和老人本人高度重视;2. 提供半流质、粉碎食物;3. 喂食时:床头抬高30°左右、头偏向一侧,以小勺、慢速、少量喂食。”“虽经院方积极预防,但您的老人仍然存在噎食窒息意外风险,由此发生的噎食窒息意外和不良后果，院方不承担风险责任，请家属理解配合。”“该老人患有脑梗塞噎食易呛吞咽功能障碍发生脑梗塞意外。”赵某某在上述风险告知书上签字确认“院方的上述告知我已充分知情并同意承担上述风险及后果责任”。

屠某某入院后在日常生活中由护理员赵某照护，饮食为“普食（碎菜）”，某敬老院个案照料生活护理表记载用餐事项为：需要喂食（碎菜），注意速度缓慢、把床摇高防噎防呛，多观察、老人用餐时特别注意速度、需要护理员用小勺缓慢喂食喂水。赵某持有养老护理员（医疗照护）五级/初级技能职业资格证书。

2018年4月11日下午，赵某将香蕉剥皮后即给屠某某自行进食，进食过程中屠某某发生噎食，赵某发现后随即通知了某敬老院负责人及驻院护士，在拨打120急救电话的同时，护士对已神志不清、呼之不应的屠某某进行了急救包括取出噎食香蕉等措施，120救护人员到场后继续给予心肺复苏，之后将其送至上海市第八人民医院急诊抢救，急诊时屠某某已处于深昏迷状态、无自主呼吸，后于当日16时42分被收治入院，入院诊断为“1. 缺氧性脑损伤；2. 急性呼吸衰竭；3. 代谢性酸中毒；4. 神经源性休克”。至次日14时8分，屠某某经抢救无效而死亡，死亡诊断为“缺氧性脑损伤，不可归类在他处者；急性呼吸衰竭；代谢性酸中毒；神经源性休克”。

屠某某的近亲属作为原告向法院提起诉讼，请求判令：1. 被告赔偿原告死亡赔偿金1001536元、丧葬费42792元；2. 律师费20000元；3. 精神损害抚慰金50000元。

【法院裁判】

在法院审理过程中，该养老机构的抗辩意见包括：（1）之前屠某某亦进食过苹果泥和香蕉，未出现噎食的情形；（2）香蕉是屠某某同学看望时所送；（3）护理员陈述，屠某某示意要吃香蕉，护理员即拨开香蕉皮后由屠某某自己进食，当时其吃得很急，故护理员告知慢点食用，后发现屠某某出现噎食，护理员立即进行了拍背；（4）当天被告正在召开院务会，护理员拍背无效后随即至会场，被告负责人及驻院护士等立即赶去，并由护士对屠某某进行施救，取出了噎食香蕉后又连续心脏按压20分钟至14时20分120救护车到场，随车医生就地抢救30分钟后，将屠某某送至上海市第八人民医院继续抢救，后屠某某于次日下午死亡。

法院认为，公民的生命权受法律保护。本案中，屠某某入住被告某敬老院接受老年护理服务并支付相应费用，双方形成服务合同关系，被告作为服务提供者未尽到合理限度的安全保障义务造成接受服务的屠某某人身损害的，依法应承担相应侵权赔偿责任。

综合审查在案证据可以证明，屠某某因患有包括脑梗塞在内的疾病，生活不能自理，故在被告处接受最高等级护理，被告亦对其情况进行了充分评估并制定了较为详尽的护理计划，其中关于饮食一项明确要求喂食、普食（碎菜）、食物切碎或搅拌。然被告护理员在明知屠某某作为老年病患存在吞咽障碍及噎食风险的情况下，仍让屠某某自己进食未经搅碎的香蕉。同时，即使被告护理员所述真实，其在现场见屠某某吃得很急也只是口头叮嘱而未进一步采取喂食措施，两者均违反了相应护理操作要求，与屠某某因噎食而最终死亡之间存在直接因果关系，故应认定被告存在未尽合理限度的安全保障义务之过错，其应就屠某某的死亡向两原告承担相应侵权赔偿责任。

原告方主张被告护理员在让屠某某进食香蕉后离开现场以致未能及时发现噎食情况及进行救治，该主张缺乏相应证据证明，故法院不予采信。屠某某系患有疾病、生活不能自理的老年人，特别是因脑梗塞后遗症而存在噎食等风险，其自身因素及相应行为与本案事故的发生亦存在一定的因果关系，其与被告签订养老服务协议入住被告处，并不能将自身原因所导致的风险完全转移给被告。

经审理，综合考虑本案纠纷情况，法院确定由被告敬老院承担 60% 责任，判决赔偿原告的死亡赔偿金、丧葬费、精神损害抚慰金等各项损失合计 1094327 元；被告赔偿原告支出的律师费8000元。

【案例分析】

养老机构在办理入住时通过评估，发现老年人存在噎食风险，遂对老年人的噎食风险进行了告知和说明，并确定了具体的防范措施，但在提供护理服务过程中却未按照防范措施去执行，养老机构如何承担责任？本案为此情形提供了一个很好的参考。

本案中，根据养老服务合同约定，养老机构有协助老年人进食的义务。在有关噎食风险的告知书中明确采取的防范措施包括“提供半流质、粉碎食物”。但养老护理员在执行的过程中却将香蕉剥开之后直接交给老年人进食，没有尽到谨慎的注意义务。养老机构在发生噎食后虽然尽到了及时的救助义务，但是这些救助措施均不能改变因噎食导致老年人死亡在法律上的因果关系。而且护理员在明知老年人需要进食粉碎的食物情况下，仅是在发现老年人吃得很急时进行提示，显然存在过错。

从本案中法院查明的事实来看，有以下几点经验教训值得借鉴：

一、某敬老院办理入住手续的严谨性

从判决书所载事实看，某敬老院办理入住手续有以下几个步骤：

1. 入院前有照护等级评估，且对自理能力进行了评估。屠某某入院前经评估为六级照护等级，进食自理能力重度异常。

2. 签订了入住协议及补充协议。目前协议的具体内容不得而知，但从判决书看，其明确了具体的服务内容，在个案照料生活护理表记载用餐事项为：需要喂食（碎菜），注意速度缓慢、把床摇高防噎防呛，多观察、老人用餐时特别注意速度、需要护理员用小勺缓慢喂食喂水。

3. 与家属签订知情同意书及安全宣教。从判决书所载内容看，知情同意书及安全宣教具有针对性，专门针对噎食的风险进行了告知和说明。

从管理规范化来看，某敬老院办理入住手续已比较细致，而且也符合《养老机构管理办法》的规定。

二、屠某某发生噎食事故时，某敬老院救助及时

本案中，养老护理员及时发现了老年人噎食，并采取了积极应对措施。养老机构并没有延误救治的时间。发生伤亡事故时，对老年人及时采取救治措施并通知相关第三方，是养老机构的基本义务，否则如因救治不及时发生伤亡事故，养老机构仍应承担相应责任。

三、某敬老院对护理员的操作规范存在疏于管理的情形

从某敬老院的答辩意见看，养老护理员在本案噎食事故发生之前就未按照协助进食的要求提供服务，而某敬老院未发现。养老护理员不按照操作规范，想怎么做就怎么做，会给养老机构的护理服务埋下较大隐患。操作规范之所以成为规范，是因为在实践中检验过。一次两次不按操作规范执行侥幸未发生事故，长此以往必然发生悲剧。对护理员的操作要做好监督，及时纠正。

四、养老服务的安全在于执行、在于监督

本案中某敬老院虽然在办理入住手续过程中充分注意了风险，在发生事故后也及时采取了措施，但养老护理员不执行操作规范，使所有工作功亏一篑。养老服务中任何一个细节上的差错，都有可能给养老机构造成经济损失，给老年人的家属造成无尽的悲痛。即便有再好的制度、再好的操作规范，执行的人不能尽责执行，偷工减料，也无法避免事故的发生。所以要有积极的监督，并有持续改进的勇气和动力，如此才能保障制度、规范执行的效果。

【相关规定】

《中华人民共和国民法典》

第一千一百六十五条第一款 行为人因过错侵害他人民事权益造成损害的，应当承担侵权责任。

第一千一百七十九条 侵害他人造成人身损害的，应当赔偿医疗费、护理费、交通费、营养费、住院伙食补助费等为治疗和康复支出的合理费用，以及因误工减少的收入。造成残疾的，还应当赔偿辅助器具费和残疾赔偿金；

造成死亡的，还应当赔偿丧葬费和死亡赔偿金。

第一千一百八十三条　侵害自然人人身权益造成严重精神损害的，被侵权人有权请求精神损害赔偿。

因故意或者重大过失侵害自然人具有人身意义的特定物造成严重精神损害的，被侵权人有权请求精神损害赔偿。

案例四：沈阳市某养老机构给老年人服用精神类药物纠纷案[①]

【裁判要旨】

养老机构未取得执业医师的医嘱，根据老年人的症状给老年人服用精神类药物，虽经亲属同意，仍存在明显过错，应承担相应责任。

【关键词】　服用药物；赔偿责任

【法院认定事实】

2014年10月9日，孙某的儿子兰某与某敬老院签署《沈阳市入住养老机构合同书》，孙某于当日入住某敬老院，因孙某可自行活动，故护理类型为自理，护理费用900元/月，无专人护理，孙某交纳了900元的费用。

2014年10月18日晚，因孙某在晚间睡不着、吵闹，影响其他老人休息，某敬老院经征求孙某儿媳妇的意见，给孙某服用安眠类药物。某敬老院给孙某服用阿普唑仑一片，19日晚上某敬老院给孙某服用阿普唑仑两片。2014年10月20日凌晨4点多，孙某在某敬老院摔倒，左额头处

① 参见辽宁省沈阳市中级人民法院（2016）辽01民终2475号民事判决书。

摔伤。2014年10月20日上午10时左右，兰某前往敬老院探望孙某，2014年10月21日，兰某再次前往某敬老院探望。

2014年10月25日，因孙某病情加重，某敬老院将孙某送往沈阳七三九医院治疗，入院诊断为左肺炎、左肺占位、胸腔积液、呼吸衰竭、缺血性心脏病、缺血性脑血管病、肝囊肿。后医嘱转往上级医院治疗，某敬老院与兰某将孙某转往沈阳二四二医院进行治疗，诊断为呼吸衰竭、肺炎、阻塞性肺气肿、胸腔积液、脑梗塞、肺不张、心功能不全，治疗后孙某于2014年11月17日早晨出院，回家休养。

2014年12月3日，因孙某休克，其子兰某叫急救车将其送往沈阳七三九医院住院治疗，诊断为休克、低血糖症、营养不良、缺血性脑血管病、多发腔梗、肺气肿、心肌缺血、心律失常—心房纤颤、肾功能不全，治疗后孙某于2014年12月10日出院回家。

孙某的近亲属作为原告向法院提起诉讼，请求判令被告赔偿医疗费、辅助器具费、住院伙食补助费等共计173582.02元。

【法院裁判】

一、一审法院判决理由

养老机构应为入住的老人提供必要的养老设施和相关

的养老服务。本案中，孙某与某敬老院签订《沈阳市入住养老机构合同书》，约定孙某入住敬老院，在孙某与某敬老院之间形成服务合同关系，双方应依约履行合同义务，某敬老院应为孙某提供日常生活照顾及安全保障。在履行服务合同过程中，某敬老院为孙某服用非孙某自带的二类精神药品阿普唑仑，虽然征求了孙某家属的意见，家属也同意服用安眠类药品，但并没有执业医师的医嘱，故某敬老院对此存在明显的过错。在庭审中，兰某等向该院申请鉴定孙某服用阿普唑仑与其摔倒是否具有因果关系，法院随机抽取3家鉴定机构进行鉴定，3家鉴定机构均表示委托鉴定的事项超出其技术条件和鉴定能力，未予受理。法院释明由双方在指定期限内各自寻找鉴定机构，双方均表示找不到。

孙某在服用阿普唑仑2天（每天1次，第1天1片，第2天2片）后，在凌晨4点左右摔倒，因未经专门鉴定机构作出专业的鉴定意见，从日常生活经验判断，孙某摔倒的原因不排除其年迈（摔伤时85周岁）、行动不方便，且凌晨4点天色尚暗，不慎摔伤，不排除是某些疾病引发摔伤，但也不能绝对排除是其服用药物后，产生药效或部分副作用导致其摔伤。而在孙某摔伤后，某敬老院对其进行了积极的抗炎治疗，且孙某的家属兰某在孙某摔伤当天10时左右以及摔伤的第二天均前往某敬老院探望孙某，其家属并未将孙某送往医院医治，在孙某病重后，某敬老院积极将孙某送往医院治疗，而孙某是在家休养一段时间后去世的。

经审理，一审法院确定被告对原告的损失承担20%的赔偿责任，判令由被告赔偿原告41132.22元。

二、二审法院判决理由

一审宣判后，原告不服原审判决，向辽宁省沈阳市中级人民法院提起上诉。二审法院认为，本案争议焦点为孙某的摔伤以及后续的入院治疗直至病故死亡的结果与被上诉人某敬老院曾经为其服用阿普唑仑药品有无必然的关联性、此关联的举证证明责任应当由谁承担、上诉人要求被上诉人承担全部赔偿责任的上诉主张应否支持。

1. 孙某摔伤时已经85岁高龄，兰某自认孙某摔伤前具有脑血栓病史。在沈阳二四二医院进行治疗期间，孙某诊断为呼吸衰竭、肺炎、阻塞性肺气肿、胸腔积液、脑梗塞、肺不张、心功能不全；转院在沈阳七三九医院治疗期间，诊断为休克、低血糖症、营养不良、缺血性脑血管病、多发腔梗、肺气肿、心肌缺血、心律失常—心房纤颤、肾功能不全等。仅从常识判断不能得出某敬老院为孙某服用阿普唑仑会导致摔伤，进而引发上述病症的结论。

2. 经一审法院委托和释明，鉴定机构均表示上述委托鉴定的事项超出其技术条件和鉴定能力，未予受理和鉴定。

3. 根据《最高人民法院关于适用〈中华人民共和国民事诉讼法〉的解释》第九十条的规定，孙某摔倒、病发及最终死亡的结果与服用阿普唑仑具有高度关联性的举证责任应由兰某等上诉人承担，现兰某仅以阿普唑仑的药品说明书举证证明上述事实具有关联性，在事实和逻辑上的证明力不够。

综上，二审法院认为上诉人兰某等未能提供孙某服用阿普唑仑会导致其摔伤并引发上述病症的直接证据，故对其上诉主张不予支持，遂判决驳回上诉，维持原判。

【案例分析】

一、法院判决理由分析

从上述裁判理由来看，法院认为养老机构是否应承担责任主要基于两方面考量：一是养老机构对老年人服用药品和老年人的损害结果之间是否存在因果关系；二是养老机构对为老年人服用精神类药物是否存在过错。

（一）无证据证明养老机构给老人服药和老人的损害结果之间存在因果关系

本案中，因孙某年事已高，且有脑血栓病史，对于服药后出现的摔倒及后续出现的多种病症与服药之间是否具有因果关系只能通过司法鉴定来查明。但法院委托的鉴定机构认为该项鉴定内容超出其技术条件和鉴定能力，不接受鉴定，双方又均无法找到其他鉴定机构来进行鉴定，导致因果关系无法通过证据予以证明。法院根据法律规定，将服药后出现的摔倒及后续出现的多种病症与服药之间存在因果关系的举证责任分配给老年人的近亲属一方。因此，基于兰某未能提供老人服药与摔伤并引发多种病症导致最后死亡存在因果关系的直接证据，二审法院对两者之间的因果关系未予认定。

（二）养老机构未经执业医师医嘱为老人服用非自带的二类精神药品，存在过错

为了让孙某晚间不吵闹、不影响其他老人睡觉，养老机构虽然征求了孙某家属的意见，家属也同意服用安眠类药品，但并没有取得执业医师的医嘱。国家对精神类药品的使用有《麻醉药品和精神药品管理条例》予以规定，需要有精神诊断技术的医师使用专用的处方开具药物，患者凭专用处方才能取得药物。养老机构仅在征求家属意见后即给老年人服用精神类药物违反了国家的规定，对此存在明显的过错。

二、本案例对本标准适用的启示

（一）需要对老人的服药能力进行评估

本标准要求养老机构做好老年人的防药品误食工作，这是保障养老服务安全的客观需要，也是养老服务专业化的必然要求。本案中，孙某入住养老机构时，护理类型为自理，无需专人护理。虽然在案件中未看出老年人是否有

自带药，但不管有没有，对于无需专人护理的老年人，在服药能力上也应做评估。因为行动自如的老年人，也许在视力、听力、理解能力、记忆力或其他方面有所缺陷，对于能否自行严格按照医嘱服用药物，养老机构应在评估后确定。

（二）签署服药管理协议

本标准要求提供服药管理服务的机构，应与老年人或相关第三方签订服药管理协议，准确核对发放药品。本案中，孙某入住时，养老机构并未与其或家属签订服药管理协议，后因老人晚间吵闹，影响其他老人睡觉，养老机构通过电话向老人家属征询给老人服用阿普唑仑药物的意见，后在诉讼中家属对电话沟通内容的陈述与养老机构的陈述不一致，且家属对于养老机构给老人服用药物的剂量也提出了质疑，所以养老机构在老人入住时应根据老人的服药需求及服药能力评估情况及时与老人或相关第三方签订服药管理协议，以免引起不必要的纠纷。

（三）规范药品发放、服用程序

本案中，养老机构给老人服用非自带的二类精神药品时，虽征求过家属意见，家属也同意给老人服用，但违反了《麻醉药品和精神药品管理条例》第四十条第一款、第四十一条的规定，没有执业医师出具医嘱，进而被法院认定存在过错。因此，养老机构应根据相关规定制定规范的药品发放、服药制度和程序，进而降低因不规范或疏忽所带来的法律风险。

（四）误食药品后的应急预案

本标准要求养老机构应制定误食食品药品应急预案，并每年至少演练一次。从本案来看，老人摔倒与误服药物之间的因果关系虽未被法院认定，但对于老人摔倒后的积极抗炎治疗及老人病重后积极送往医院治疗的举措而言，养老机构尽到了应尽的救助义务，减少了承担赔偿责任的比例。

【相关规定】

一、《中华人民共和国民法典》

第一千一百六十五条　行为人因过错侵害他人民事权益造成损害的，应当承担侵权责任。

依照法律规定推定行为人有过错，其不能证明自己没有过错的，应当承担侵权责任。

第一千一百七十三条　被侵权人对同一损害的发生或者扩大有过错的，可以减轻侵权人的责任。

第一千一百七十九条　侵害他人造成人身损害的，应当赔偿医疗费、护理费、交通费、营养费、住院伙食补助费等为治疗和康复支出的合理费用，以及因误工减少的收入。造成残疾的，还应当赔偿辅助器具费和残疾赔偿金；造成死亡的，还应当赔偿丧葬费和死亡赔偿金。

二、《麻醉药品和精神药品管理条例》

第四十条第一款　执业医师应当使用专用处方开具麻醉药品和精神药品，单张处方的最大用量应当符合国务院卫生主管部门的规定。

第四十一条　医疗机构应当对麻醉药品和精神药品处方进行专册登记，加强管理。麻醉药品处方至少保存3年，精神药品处方至少保存2年。

案例五：上海市某养老机构服务过程中老年人发生压疮事故纠纷案[①]

【裁判要旨】

一方面，养老机构未能证明采取了定时翻身等预防褥疮发生的措施，也未及时告知相关第三方送老年人就医，对老年人褥疮的发生存在过错。另一方面，褥疮发生也与原告未及时尽到赡养义务以及老年人自身患有基础疾病、身体日渐衰竭有关。养老机构应对老年人的褥疮产生承担次要责任。

【关键词】　压疮；护理记录；告知；赔偿责任

【法院认定事实】

2007 年 12 月 8 日，原告王某与被告某养老机构签订《上海市养老机构老人入住协议书》，将寿某送至被告处接受养老服务，护理等级为专护。在随后的近 10 年间，寿某的身体尚可。直至 2017 年 6 月 29 日，被告通知原告，寿某患有褥疮。原告至被告处，发现寿某的褥疮创面直径已有 3 ~4 厘米。后原告按被告要求至上海市第九人民医院为

---

① 参见上海市静安区人民法院（2017）沪 0106 民初 46538 号民事判决书。

寿某配药。其后，寿某病情未见好转，反而不断恶化。2017年9月6日，原告将寿某转至上海市彭江医院进行治疗，后寿某于2017年9月10日去世。根据居民死亡医学证明书记载，其直接死亡原因为褥疮感染，促进死亡但与导致死亡的疾病或情况无关的其他重要情况为截瘫。

寿某的近亲属王某等作为原告向法院提起诉讼，请求判令：1. 被告赔偿原告死亡赔偿金、丧葬费共计596432元；2. 精神损害抚慰金25000元；3. 律师费10000元。

在案件审理过程中，法院对双方争议的事实进行了认定：

第一，被告是否按照专护标准为寿某提供了褥疮护理服务。原、被告均认可专护标准为对长期卧床而不能自主翻身的老人每两个小时翻身一次，变换卧位，检查皮肤受压情况。为此被告提供寿某2017年5月1日至同年9月6日的翻身记录和皮肤检查表。原告认为前述两份材料系被告事后单方制作，其中2017年6月17日、18日的翻身记录中对皮肤状况的记录为“发红”，与同日皮肤检查表上的记录为“好”并不一致；同年7月7日3时至7时有翻身记录，但根据寿某病历记载，其当时在医院就诊，并未住在被告处；自2017年5月1日起，翻身记录及皮肤检查均由护理员陶某操作，但陶某自5月中旬才开始对寿某进行护理，记录内容与事实不符，故对该两份证据不予认可，认为被告为寿某提供的护理服务没有达到专护标准。法院认为，被告作为专业的护理机构，应当对长期卧床不能自主翻身的寿某每两个小时翻身一次，变换卧位，检查皮肤受压情况，并做好记录。被告主张其已按专护标准为寿某提供护理服务，应负有相应的举证责任。现被告提供的翻身记录及皮肤检查表，其内容相互之间存在不一致之处，亦存有与客观事实不符之处，法院对上述两份证据不予采信，对被告陈述已按照专护标准为寿某提供护理服务的事实不予确认。

第二，被告是否于2017年6月30日要求原告为寿某转院治疗。对此，被告提供了2017年6月的生活护理交班本，其中2017年6月30日记载："下午老人的爱人来院看望老人，见老人右大腿生褥疮……护理部主任建议家属转去医院治疗，家属反复和老人商量后决定不去，随后去配药。"原告对此不予确认。法院认为，被告要求原告送寿某转院治疗应予以告知，现被告仅提供自己单方制作的生活护理交班本，原告对此并未签字确认，被告亦无其他证据予以佐证，故法院对被告主张于2017年6月30日通知寿某转院治疗的事实不予确认。

【法院裁判】

法院根据查明的事实，对发生褥疮的原因等问题进行了分析：

关于褥疮生成的原因，法院认为，褥疮的生成系多种因素相互作用共同导致，如自身内部营养不良、失禁及感染，外部压迫皮肤等因素。原告主张被告护理不当、未及时为患者翻身导致皮肤受压系褥疮生成的因素之一，现被告并未证明其已尽专护之责，故认定被告的护理不到位系寿某生成褥疮的因素之一。但考虑到寿某患高位截瘫已达十年之久，褥疮亦多为高位截瘫的并发症，其在褥疮生成之前一年多的时间里多次患病、频繁就医，故寿某褥疮的产生与其自身高位截瘫及身体每况愈下联系更为密切。

关于是否存在延误治疗的情形，法院认为，被告在发现寿某患有褥疮经换药处理仍未好转的情况下，应及时通知原告送寿某就诊治疗。同时，原告作为寿某家属，对其承担法定赡养扶助义务，该义务不因送其至养老院而转移，在知晓寿某身体情况后，应主动及时带其就诊。原、被告对被告于2017年6月29日告知原告寿某患有褥疮的事实均不持异议。现被告未提供充分的证据证明其已通知寿某转院治疗。但根据寿某的病历记录，其曾因发热、截瘫于2017年7月7日至医院就诊，但病历中载明，患方要求出院至养老院继续输液，说明原告在知晓寿某身体状态后并未积极实施救治行为。故在寿某褥疮的恶化，未及时获得有效治疗最终死亡这一情节上，原、被告均存有过错。

经审理，法院酌情确定被告对原告的损失承担15%的赔偿责任，判决被告赔偿原告死亡赔偿金、丧葬费等各项费用共计 191429.60 元。

【案例分析】

本案的争议主要集中于两点：第一，被告养老机构有没有按照预防褥疮的服务标准为老年人提供服务；第二，在褥疮发生后，养老机构有没有及时通知相关第三方转院治疗。这两个争议焦点的证明责任均在养老机构，但从法院的分析可以看出，养老机构均未能提供可信的证据证明相关事实。由此可以得出如下启示：

一、养老机构应重视褥疮预防的护理服务记录

为了证明褥疮护理服务达到了双方约定的服务标准，本案中养老机构提交了翻身记录、皮肤检查表。但这两份证据存在相互冲突且与客观事实不一致之处，使得法院无法相信这些证据形成于护理服务过程之中。

养老机构在提供预防褥疮服务的过程中，应重视护理服务记录的制作，由养老护理员按照实际情况填写。按照本标准的要求，一是“应对有压疮风险的老年人进行检查：皮肤是否干燥、颜色有无改变、有无破损，尿布、衣被等是否干燥平整”，需要制作包括前述内容的皮肤检查表；二是执行“压疮措施应包括：变换体位、清洁皮肤、器具保护、整理床铺并清除碎屑”，需要制作执行褥疮预防措施的护理记录。皮肤检查表、护理记录应由具有相应服务技能的养老护理员签字确认，并逐日填写、记录。如果有特殊情况发生，需要在交接班时进行交代，并在交接班记录中记录。

养老机构要让这些记录内容能够相互印证，这样才能增加其可信度，在发生争议时才能被用作支持养老机构履行义务的证据。

二、发现老年人褥疮不可避免时应及时通知相关第三方就医治疗

本案中，养老机构为了证明其要求相关第三方将寿某送医治疗，提交了生活护理交班本作为证据，其中记载了该机构与寿某的配偶商量去医院治疗，后决定先配药处理。法院认为该记录属于养老机构单方制作，没有其他证据佐证，故未予认定。

我们在一些案例中也看到了法院对养老机构制作的护理记录予以认定的情形。护理记录必为养老机构单方记录，要求让老年人或相关第三方签字确认显然无法实现。护理记录如何能被采信作为定案的依据，关键是如何让法官内心确信这些记录是真实的。这就要求护理记录每日必记，为了应付诉讼案件所补做的记录，与在服务过程中每日记的记录肯定有差别。

为稳妥考虑，对于涉及老年人安全的重大事项，宜通过微信、短信或其他可以确认回复的方式进行告知，更有保障的是可以形成书面文字，在相关第三方探望时予以签字确认。

【相关规定】

《中华人民共和国民法典》

第一千一百六十五条第一款　行为人因过错侵害他人民事权益造成损害的，应当承担侵权责任。

第一千一百七十九条　侵害他人造成人身损害的，应当赔偿医疗费、护理费、交通费、营养费、住院伙食补助费等为治疗和康复支出的合理费用，以及因误工减少的收入。造成残疾的，还应当赔偿辅助器具费和残疾赔偿金；造成死亡的，还应当赔偿丧葬费和死亡赔偿金。

第一千一百八十三条　侵害自然人人身权益造成严重精神损害的，被侵权人有权请求精神损害赔偿。

因故意或者重大过失侵害自然人具有人身意义的特定物造成严重精神损害的，被侵权人有权请求精神损害赔偿。

第一千一百七十三条　被侵权人对同一损害的发生或者扩大有过错的，可以减轻侵权人的责任。

案例六：上海市某养老机构为老年人洗脚造成烫伤纠纷案[①]

【裁判要旨】

养老机构为老年人洗脚造成脚部烫伤的，应承担相应赔偿责任。如果烫伤治疗过程持续，养老机构应赔偿因治疗发生的医疗费。老年人在此期间到机构内住养的，床位费、护理费应按照约定支付。

【关键词】　烫伤；洗脚；医疗费；服务费

【法院认定事实】

周某有20多年糖尿病史，口服药物控制。2010年起，周某入住被告上海某养老机构养老。2011年4月10日，被告工作人员在为周某洗脚时，将周某左足烫伤，当日送长海医院治疗，被诊断为：左足2—3度烫伤，表皮剥落。治疗期间，周某仍住被告处，同时进行门诊治疗。

2011年8月17日，周某因“左足溃坏4月余，加重半月”入上海中西医结合医院治疗，至9月23日出院。嗣后，周某多次入住该院治疗，每次治疗均因左足轻度水

① 参见上海市杨浦区人民法院（2013）杨民一（民）初字第1014号民事判决书。

肿，局部夹有少量黄腐组织、有液体渗出，实施“贴敷法、中药涂擦法、中药化腐清创术治疗”。周某住院期间，花费了7330元陪护费。

周某住院期间医疗费现金支付部分共计9475元、门诊及救护车费用（包含住院期间购买白蛋白针剂的费用）现金支付部分3432.30元。上述住院费用，通过上海市总工会职工保障互助会作了部分的报销，报销所得共计3099.04元。

周某入住被告处时，于2010年2月25日，向被告缴纳了3000元医疗备用金。2011年4月，周某向被告缴纳了入住费2460元，2011年7月、8月各缴纳给被告入住费2635元。

现原告提起诉讼，请求判令被告赔偿原告为周某支付的医疗费（自费部分）、陪护费20664元；退还服务费6910元、医疗备用金3000元。

【法院裁判】

法院认为，被告在提供服务过程中应当照护好老人的生活起居，保证老人的安全。但周某在被告处养老期间，被告工作人员的过错造成周某左足2—3度烫伤，被告违约，应当承担周某由此造成的实际损失。

周某2011年8月之后的住院治疗与烫伤存在因果关系。根据周某烫伤后的就诊记录可以看出其烫伤程度较严重，表皮剥落，且之后的门诊治疗也显示周某左足逐步溃烂、局部足趾发黑的发展过程，最终周某因左足局部糜烂，被截去4趾。嗣后，周某因左足炎症多次住院的治疗过程，可以认定周某的多次住院治疗均与左足烫伤有因果关系，被告应当就周某的医疗费和住院期间的护理费进行赔偿。对于医疗费中治疗糖尿病等慢性疾病的部分医疗费费用，根据周某伤情以及多年患有糖尿病的事实，伤口愈合必须以控制糖尿病指标为前提，故医院对其进行糖尿病症的控制治疗是必需的，而且在住院期间使用白蛋白针剂，也符合周某年老、伤重的康复需要。

周某在2011年4月、7—8月向被告缴纳的入住费用不应当返还。周某在烫伤后，只是进行门诊治疗，其间一直住在被告处，接受被告服务，本案中原告也未提供证据证明被告在此期间对于服务存在违约的行为，故周某接受了服务，应当支付相应费用。

经审理，法院判令被告赔偿原告医疗费、陪护费17138.26元；被告退还医疗备用金3000元。

【案例分析】

本案系由养老机构在为老年人提供洗脚服务过程中发生烫伤事故所引发。该事故中养老护理员很有可能没有按照操作规范提供服务，否则不致发生如此严重的烫伤事故。给老年人洗脚的操作规范，想必养老机构都会专门培训，但是养老护理员能否据此操作就考验机构的管理能力了。

一、本标准中有关烫伤防护的内容适用于所有老年人

老年人在养老机构饮食、取暖、洗漱、可能接触高温设施设备的过程中都可能发生烫伤。本标准的要求是养老机构应当避免老年人接触到高温的任何情况。基于辨识能力的差别，老年人主动避开高温的能力是不同的。养老机构宜根据老年人可能接触到高温设备的情况，按照本标准的要求，分别采取相应的防范措施。

二、应制定简单明了的洗脚服务操作规范，并监督实施

养老机构普遍面临养老护理员文化水平不高的难题。养老机构制定的洗脚服务操作规范应简单明了，不宜长篇大论，抓住关键环节，做到易记易用。制定操作规范容易，要让操作规范实实在在地发挥作用，需要做的工作远比制定规范要多得多。

对养老护理员进行培训，使其懂得操作规范，明白每一环节的功能和意义，消除其“洗脚谁不会”的错误观念。在养老护理员服务过程中要进行抽查，监督其是否按照操作规范执行。

三、发生烫伤事故要积极处理，防止发生诉讼

就本案类似的情形而言，诉讼对养老机构和老年人及相关第三方来说，都是最不利的解决方案。本案中养老机构的过错较为明显。在此情形下，养老机构还是要勇于承担责任，积极寻求协商解决。当然，如果老年人或相关第三方提出无理要求，无法协商解决的，也只能选择诉讼。

养老机构发生老年人伤害事故，无论是否会承担责任，如果有投保养老机构综合责任险，都应及时向保险公司通知发生了事故。从多家保险公司公布的养老机构综合责任保险条款看，养老机构在发生事故后应及时通知保险公司，一般是48 小时内。这一约定是为了防止事故发生时间过长，导致保险公司失去调查所发生事故是否属于保险事故的机会。如果养老机构没有及时通知保险公司，保险公司可能会依此拒赔。虽然保险公司据此要求拒赔的理由未必成立，但是对养老机构而言，这个风险是本不必承担的。更何况通知保险公司后，保险公司可能还会提供一些咨询意见，帮助养老机构解决事故争议。

【相关规定】

《中华人民共和国民法典》

第五百七十七条 当事人一方不履行合同义务或者履行合同义务不符合约定的，应当承担继续履行、采取补救措施或者赔偿损失等违约责任。

案例七：广州市某养老机构为老年人熏蒸足疗烫伤事故纠纷案[①]

【裁判要旨】

本案中，养老机构为老年人熏蒸足疗造成脚部烫伤，由此诱发老年人死亡，养老机构存在一定过错。但主要导致老年人死亡的原因是糖尿病并发症及其自身的年老体衰。养老机构的熏蒸行为与老年人的死亡没有直接、必然、重大的因果关系。养老机构对老年人的死亡承担次要责任。

【关键词】　烫伤；熏蒸足疗；赔偿责任

【法院认定事实】

2014 年 6 月 20 日，老年人李某入住被告某养老机构处，服务协议约定护理等级为一级护理，如果李某在此期间突发疾病或意外，被告应在服务范围及救助能力范围内采取必要措施；因被告或被告工作人员过失造成李某损失的，应由被告承担赔偿责任。

2015 年 4 月 22 日，李某在被告处进行熏蒸足疗，足

① 参见广东省广州市海珠区人民法院（2015）穗海法民一初字第 1549 号民事判决书。

疗结束后出现双足烫伤。2015 年 4 月 23 日，李某被送往广州医科大学附属第三医院住院治疗。病历载明李某“于 11 余年前……诊断为 2 型糖尿病……昨天早上 10 点于养老院足部浴足时烫伤双足，双足趾（除右足小趾）均出现水泡，直径 1～1.5cm 不等，泡液清，皮肤无破溃，伴有轻度疼痛，周围皮肤有红肿”，出院诊断为：糖尿病足（双足浅Ⅱ°烫伤）、糖尿病酮症酸中毒、肺部感染等。此后李某四次住院治疗，2015 年 8 月 13 日死亡。病程记录中 2015 年 8 月 13 日记载：“……死亡原因：1. 感染性休克；2. 肺部感染Ⅰ型呼吸衰竭；3. 多器官功能障碍综合征：急性心力衰竭、急性肾功能衰竭、急性肝功能不全；4. 重度脓毒血症；5. 急性脑血管意外?”

李某的近亲属作为原告向法院提起诉讼，请求判令：被告向原告赔偿医疗费、误工费、护理费、护理用品费、交通费、住院伙食补助费、营养费、死亡赔偿金、丧葬费、精神损害抚慰金，合计 653441.13 元。

诉讼过程中，原、被告对李某足部烫伤与死亡的因果关系（参与度）存在争议，故被告申请鉴定。法院委托广东华生司法鉴定中心对“被告对李某进行熏蒸足疗的行为是否存在过错；被告对李某进行熏蒸足疗的行为与李某的死亡是否存在因果关系及原因力大小”进行鉴定。该鉴定中心于 2016 年 12 月 5 日受理后，于 2017 年 5 月 23 日作出

《司法鉴定意见书》，载明“1. 被告养老机构对李某进行熏蒸足疗的行为存在过错；过错的熏蒸行为致左足皮肤损伤，在被鉴定人原有长期糖尿病的基础上诱发糖尿病足病。2. 被告养老机构对李某进行熏蒸足疗的行为与李某的死亡是存在轻微因果关系，参与度为1% ~20%”。

因原、被告均对鉴定意见存在异议，根据原告申请，鉴定人出庭接受询问。鉴定人在庭审过程中进一步明确糖尿病患者在糖尿病后期，即便没有外伤，也有可能出现糖尿病足病；双足浅Ⅱ°烫伤属于较为轻微的皮肤损伤；李某自身患有下肢动脉硬化症，因为神经末梢循环不佳，也有可能导致糖尿病足；李某患有的高血压、肾功能衰竭、肺部感染等与双足外伤没有关联性，有可能是糖尿病后期的并发症。鉴定人认为被告的熏蒸行为与李某死亡之间的参与度为10% ~15%。

【法院裁判】

法院认为，本案讨论的是一名年逾八旬的老人，具有一定的特殊性，因老年人在自身体质、自身免疫力、康复能力等方面均与青壮年有所不同，故不能一概而论。同一事故发生在不同人身上，或许有不同的结果。本案中，对于李某死亡的结果，可以从几个方面来分析：

李某本身患有多年的糖尿病，作为提供养老护理服务的被告，在李某入院时即为李某办理了入院体检，已知悉其病史。对于糖尿病人的护理及照顾，应更加谨慎、细致，区别于普通的健康人群。被告在对李某进行足部熏蒸的过程中，没有注意到糖尿病人的皮肤对于水温欠缺敏感性，造成李某双足浅Ⅱ°烫伤，而在李某烫伤后没有及时送往就医，可见被告未尽谨慎照顾义务，存在一定过错。

李某烫伤后已进行五次住院治疗，治疗过程中，其右足烫伤问题已经治愈，仅左足发展为糖尿病足病，可见李某最初的烫伤未达到特别严重程度。左足由普通烫伤发展为糖尿病足病，有李某自身疾病（患有多年糖尿病）、自身体质的影响，不能完全归咎于外伤。

李某住院期间虽有对症治疗，但鉴于目前的医疗条件及医疗技术水平，特定疾病在临床上尚无法完全预见、防止、控制并发症的发生和发展，加之老年人自身条件的特殊性，李某自身疾病的发作及失控与其死亡有一定关联性。李某的最终死因是肺部感染、呼吸衰竭、急性心力衰竭、急性肾功能衰竭、急性肝功能不全等器官功能衰竭死亡，其中肺部感染是李某第一次入院时即患有的疾病，心力衰竭、肾功能衰竭、肝功能不全与足部烫伤、糖尿病足病没有直接因果关系，主要导致李某死亡的原因依然是糖尿病并发症及其自身的年老体衰，可见被告的熏蒸行为与李某的死亡没有直接、必然、重大的因果关系。

综上，法院认为被告对李某双足的熏蒸行为存在过错，与李某的死亡存在轻微因果关系。综合考虑本案案情，被告在护理照顾方面、家属沟通方面均存在过失及瑕疵，从公平角度出发，法院确定被告对李某的足部熏蒸行为与李某的死亡之间参与度为20%，应由被告按李某损失的20%进行赔偿。

法院认定原告损失包括医疗费、护理费、护理用品费、交通费、住院伙食费、营养费、死亡赔偿金、丧葬费共计245247.8元，精神损害抚慰金20000元。扣除被告已付的款项后，法院判决被告还应向原告赔偿21176.08元。

【案例分析】

本案中李某的脚部烫伤是养老机构对老年人易发烫伤没有谨慎对待而发生的。随着知觉能力的下降，老年人对温度的敏感度也会逐渐减弱，在为老年人服务的过程中，谨防烫伤是养老机构必须尽到的安全防护义务。按照本标准的要求，养老机构需要采取预防措施避免老年人发生烫伤。

一、养老机构需排查可能引发老年人烫伤的因素，并采取预防措施

从总体上来说，养老机构内引发老年人烫伤的因素可以分成两类：一类是在为老年人服务的过程中发生的，如洗脚、洗漱、喂食、提供开水、洗澡、取暖等；一类是会产生高温的硬件设施设备。对第一类主要通过规范服务操

作规范来预防，对第二类则可以通过为设施设备增加防止靠近措施，如栏杆、门锁等，并加贴安全标志来预防。

二、严格执行本标准的防烫伤要求

本标准中的防烫伤要求是养老机构应满足的底线。因违反本标准要求引发的烫伤事故，养老机构必然被认定存在过错。2022 年 1 月 1 日起本标准实施之后，法院在判定老年人伤害事故责任时，标准将变得相对明确。

本标准对养老机构烫伤防护的要求，没有提出针对的是“有烫伤风险的老年人”，而是养老机构内部住养的全部老年人。本标准的制定者是把烫伤风险作为全部老年人面临的安全风险来对待的。这一点是非常值得养老机构注意的。

【相关规定】

《中华人民共和国民法典》

第一千一百六十五条第一款 行为人因过错侵害他人民事权益造成损害的，应当承担侵权责任。

第一千一百七十九条 侵害他人造成人身损害的，应当赔偿医疗费、护理费、交通费、营养费、住院伙食补助费等为治疗和康复支出的合理费用，以及因误工减少的收入。造成残疾的，还应当赔偿辅助器具费和残疾赔偿金；造成死亡的，还应当赔偿丧葬费和死亡赔偿金。

案例八：哈尔滨市某养老机构建筑设施不符合国家强制性标准、护理等级与老年人身体状况不匹配坠床事故纠纷案[①]

【裁判要旨】

养老机构的建筑设施不符合国家强制性标准，且养老机构未按照老年人的身体状况提供相应等级的护理服务，导致老年人遭受伤害事故的，养老机构应当承担赔偿责任。老年人对事故的发生存在过错的，可以减轻养老机构的赔偿责任。

【关键词】　建筑设施；护理级别；强制性标准；赔偿责任

【法院认定事实】

2016 年 6 月 29 日，某老年公寓、董某及董某某（董某之女婿）签订《入住协议书》，约定：董某自愿入住该老年公寓，每月需交纳入住费 1100 元、伙食费 500 元、护理费 200 元，合计每月 1800 元。某老年公寓根据董某的身体状况、自理能力等情况确定护理级别，且根据董某身体变化及时作出调整。董某自行走动或者单独活动时发生走

① 参见黑龙江省哈尔滨市中级人民法院（2018）黑 01 民终 2748 号民事判决书。

失、跌倒骨折、身体损伤等事故（专护，即 24 小时一对一护理的除外）及董某因自身原因造成的纠纷或者意外事故某老年公寓不负法律责任，但有义务提供协调和帮助。

2016 年 10 月左右，董某家属带其进行身体全面检查时发现董某曾经切除的肺叶外重新长了两个肿瘤，当时家属未明确告知老年公寓详情，但针对其病情为其配制了抗肿瘤的中药粉每天服用，董某家属称其病症有所缓解，止疼片由原来每日 6 片减为 5 片。2017 年 4 月 10 日早上 5 时 43 分 50 秒许，董某独自乘坐轮椅到三楼楼梯处，自护栏处跌落至二楼楼梯。跌落点扶手高度小于 90 厘米。某老年公寓的工作人员发现董某坠楼后，电话通知家属、拨打急救电话及报警电话，为董某测量血压。急救车到达后，工作人员随同急救车将董某送往医院进行治疗。2017 年 4 月 18 日，董某经抢救治疗无效后去世。

董某的近亲属作为原告向法院提起诉讼，请求判令：被告赔偿原告急救车费、急诊费、挂号费、医疗费、病历复印费、死亡赔偿金、丧葬费，合计 441120.63 元。

在案件审理过程中，法院调取的监控视频由于摄像头设置位置的原因无法看到董某进出房间及事件发生的过程。

【法院裁判】

一审、二审法院均认为，本案争议焦点为某老年公寓在履行《入住协议书》的过程中是否具有违约行为、是否应当承担赔偿责任。某老年公寓作为收取费用的特殊公共场所管理人，对于在其室内生活的老人应尽到安全保障义务。董某自愿与某老年公寓签订的《入住协议书》成立并生效，双方形成服务合同关系。双方均应按协议约定的内容履行。

对某老年公寓而言，其应提供符合法律、法规规定的设施及条件。《黑龙江省养老机构设立许可实施细则》第九条规定，设立养老机构应当符合下列条件：……（三）有符合养老机构相关规范和技术标准，符合国家环境保护、消防安全、卫生防疫等要求的基本生活用房、设施设备和活动场地。《住宅建筑设计》（GBJ 96—86）① 第3.1.3条规定，楼梯踏步宽度不应小于0.25m，踏步高度不应大于0.18m。扶手高度不宜小于0.90m。本案中，某老年公寓的三楼楼梯扶手高度不足0.90m，不符合上述规定，且该扶手处恰为董某坠楼之处。

老年公寓是为老年人提供集中居住和照料服务的机构，其应提供充足人员对老年人进行管理及照顾，即使因种种条件限制，在其不能实现各楼层均设置专业人员的情况下，亦应实现公共区域监控视频全覆盖，以达到对老人照顾的目的，但一审法院依法调取的监控录像，不仅不能显示老人如何从房间出来、如何摔落，而且对董某当日的整个身体状态无一完整的影像，未达到对老年人全面照顾的目的。

---

① 该标准现已修订为《住宅建筑设计规范》（GB 50096—2011）。

《入住协议书》第六条约定，“甲方有权根据乙方身体状况，自理能力等情况确定护理级别”，某老年公寓享有对入住老人确定护理级别的权利，其系专业的养老机构，所确定的护理级别应与老人的身体状况相符。因股骨骨颈骨折，董某自入住时即不能独立行走，将不能独立行走的老人定为完全自理老人与实际状况不相符，故其非按约定履行义务。对于不能独立行走的老人，某老年公寓应给予其不同于完全自理老人的照顾和护理。

综上，应当认定某老年公寓对董某的服务存在设施上及管理上的疏忽，未完全尽到合同服务义务。

对于董某而言，其患病部位是肺部，爱下象棋，其头脑清醒，系完全民事行为能力人，虽患肿瘤，每日依赖止疼片，也说过活着痛苦的话语，但其应积极面对生活，积极配合药物治疗，其对不能独立行走的身体状况、独自从轮椅下来到护栏处活动存在危险有判断能力，更不应放任自己处于危险中。事故发生时，董某已在某老年公寓居住近 10 个月，对老年公寓的设施、设备有所了解，对其不能乘坐轮椅通过楼梯及某老年公寓配有专门活动室的事实已知晓，其对事故发生亦应承担相应责任。

综合以上因素，法院认为某老年公寓存在一定过错，应对董某的死亡承担相应的违约责任，考虑到董某的自身身体状况，酌定某老年公寓对董某的死亡总损失承担 60%

为宜。一审法院判决被告赔偿原告医疗费、死亡赔偿金等各项损失 248172.38 元。一审法院宣判之后，被告某老年公寓不服，提起上诉。二审法院维持原判。

【案例分析】

我们在本书“前言”部分对标准的“强制性”进行了分析，本案恰恰印证了我们的分析说明。结合本标准的内容，本案对养老机构具有三方面的重大启示。

一、强制性标准可以作为司法机关判定责任的依据

本案中法院直接引用了国家强制性标准《住宅建筑设计》（GBJ 96—86）第 3.1.3 条“扶手高度不宜小于 0.90m”的规定，认定养老机构的建筑不符合规定。虽然养老机构在庭审中强调事发地点的扶手高度为 89 厘米，与标准规定的高度仅相差 1 厘米，但是法院仍认定养老机构在此方面存在过错。

本标准全文均为强制性标准，也就是说每一个条文都有可能成为法院裁判案件的依据。随着审理养老机构涉诉案件的经验积累，法官对养老服务的标准会越来越熟悉，势必在审理案件中越来越倚重本标准。所以养老机构需要特别重视本标准的执行。

二、养老机构的服务应与老年人的身体状况相匹配

本案中的董某在入住时是需要依靠轮椅行动的，而养老机构却评定其为完全自理老年人，按照自理级别为其提供服务。尽管从答辩、质证、举证过程中，养老机构一再强调只收取了完全自理级别的护理费，而且是相关第三方不愿意增加护理级别，但是养老服务法律机制的基本要求是服务与老年人的身体状况相匹配。无论相关第三方的态度如何，使老年人的身体状况与服务相匹配是养老机构必须坚持做到的，否则一旦因此发生伤亡事故，养老机构承担赔偿责任的风险较大。

从本标准的要求看，养老机构需要对入住的老年人开展安全风险评估，并确定其风险等级，采取相应的防范措施。养老机构不进行安全风险评估，或者评估的情况与其身体状况不相符，都将违反本标准的要求。本标准规定的两年过渡期，正是让养老机构在安全风险评估中不断总结经验，为实施本标准做准备。

三、护理等级、安全风险等级调整与相关第三方拒绝的处理

必须坚持的是，养老机构按照评估标准确定的护理等级、安全风险等级，相关第三方可以提出异议，但是最终必须依据养老机构的意见确定，不能留有协商的空间。这是由养老服务专业化、法定性所决定的。

在老年人入住的时候，相关第三方一般都会接受养老机构的意见，发生争议的可能性较小。在服务过程中，调整护理等级、安全风险等级会变得非常困难。但是养老机构要非常重视这项工作。在达成一致之前，养老机构应采取相应的安全防护措施及增加服务内容，否则养老机构将陷入发生伤亡事故并承担赔偿责任的风险。如果始终无法达成一致，养老机构需要做好最坏的打算，即解除养老服务合同。

在考虑到养老机构客观需要运营利润的情况下，作为无奈之举也可以采取知情同意的方式处理，即：

1. 告知老年人及相关第三方其应接受的服务内容；

2. 由于其不愿意接受这些服务内容，双方协商确定的服务内容包括哪些；

3. 对因老年人及相关第三方拒绝接受的服务而导致发生伤害事故的，老年人及相关第三方应承担相应风险；

4. 制作相应文件，由老年人及相关第三方签字确认。即便如此，如果因未调整护理等级、安全风险等级导致老年人受到伤害，养老机构仍面临被认定承担责任的风险。

【相关规定】

《中华人民共和国民法典》

第一百八十六条　因当事人一方的违约行为，损害对方人身权益、财产权益的，受损害方有权选择请求其承担违约责任或者侵权责任。

第五百七十七条　当事人一方不履行合同义务或者履行合同义务不符合约定的，应当承担继续履行、采取补救措施或者赔偿损失等违约责任。

案例九：韶关市某养老机构老年人跌倒事故纠纷案[①]

【裁判要旨】

养老机构应按照既定的服务标准为老年人提供服务。养老机构提供的服务内容不符合约定的服务标准，导致老年人遭受伤害的，应承担相应的赔偿责任。

【关键词】 跌倒；护理服务内容；赔偿责任

【法院认定事实】

2017年8月14日，韶关市某养老机构作为甲方、罗某作为乙方、吴某（系罗某之子）作为丙方签订一份《某养老机构长者托养协议》。该协议约定：甲方履行生活照料、医疗护理以及满足乙方精神文化活动需要的义务；乙方入住时，提交近一个月内由韶关市县级以上医院进行的体检记录；罗某的护理级别为特级。同日，罗某到医疗机构体检，既往病史：脑出血。2017年8月15日，罗某入住某养老机构。次日20时20分左右，罗某打开房门在门口站了一会儿，于20时21分左右关房门。20时44分左

① 参见广东省韶关市中级人民法院（2018）粤02民终1285号民事判决书。

右，某养老机构护理人员查房时发现罗某在房内摔倒，即拨打120和通知其家属。21时2分左右，120救护车将罗某接送到医院治疗。罗某作为原告向法院提起诉讼，请求判令被告赔偿原告损失共计61365.14元。

在一审审理期间，法官询问罗某因何摔倒，罗某称其系在房内起床后走到门口时摔倒。一审法院宣判后，罗某不服，向二审法院提起上诉。二审法院另查明，被告某养老机构的特级护理分级标准：生活行为完全依赖他人护理或思维功能轻度障碍者且需要24小时身边有人者，或者老人及其家属要求提高护理等级，在生活服务方面要求给予特殊照顾者。护理内容：……12. 提供24小时专门护理，确保各项治疗护理措施的落实；……16. 对易发生坠床、座椅意外的老人，提供床栏、座椅加绳托等保护器具，确保安全……

【法院裁判】

一、一审法院的裁判

一审法院认为，根据《最高人民法院关于适用〈中华人民共和国民事诉讼法〉的解释》第九十条“当事人对自己提出的诉讼请求所依据的事实或者反驳对方诉讼请求所依据的事实，应当提供证据加以证明，但法律另有规定的除外。在作出判决前，当事人未能提供证据或者证据不足以证明其事实主张的，由负有举证证明责任的当事人承担不利的后果”之规定，罗某主张某养老机构未尽到义务，导致其摔倒受伤，应提交相应的证据予以证实。某养老机构、罗某、吴某签订《某养老机构长者托养协议》，三方之间形成托养关系，某养老机构负有管理上的安全保障义务。而某养老机构的安全保障义务主要为向被托养人提供安全、舒适的服务环境。罗某在房间内自己不慎摔倒造成受伤，并非因使用某养老机构设施或者因场地环境而受伤，如果据此认定某养老机构未尽安全保障义务，未免对某养老机构安全保障义务要求过于苛刻。对于罗某家属提出的某养老机构没有及时通知家属并送医院治疗存在过错的说法，罗某摔倒后，某养老机构的护理人员已及时拨打120电话并通知罗某家属，已尽到一般的义务。因此，罗某的摔倒受伤属其自身原因，与某养老机构的管理、设备和服务并没有因果关系，故判决驳回了罗某的诉讼请求。

二、二审法院的裁判

二审法院认为，本案争议的焦点在于某养老机构对罗某的损伤是否存在过错，应否承担赔偿责任。罗某在某养老机构享受的是特级护理。《护理等级及护理工作内容》载明：12. 提供24小时专门护理，确保各项治疗护理措施的落实；……16. 对易发生坠床、座椅意外的老人，提供床栏、座椅加绳托等保护器具，确保安全……罗某按照特级护理交付了相关费用，某养老机构就应该按照合同约定履行特级护理工作。事发当晚，某养老机构未依约履行专门看护责任，亦未提供证据证实当晚对罗某提供了床栏、座椅加绳托等保护器具。虽然罗某是自己摔倒的，但也与某养老机构监管护理不到位存在关联。某养老机构对此应承担责任。另外，罗某摔伤是其自己不慎造成的，非因某养老机构设施、环境引起，其自身亦存在过失。综上，二审法院撤销了一审法院判决，确定某养老机构、罗某各承担事故责任的50%，判决某养老机构向原告支付赔偿款30682.57元。

【案例分析】

本案一审法院主要是基于对养老机构硬件服务设施的评判，认定养老机构无责任，忽视了养老机构应按照老年人的身体状况提供服务内容的重要性。二审法院认识到了这一点，从而以罗某的护理等级为特级护理作为裁判出发点，结合服务标准包括提供24小时专门护理，确保各项治疗护理措施的落实，对易发生坠床、座椅意外的老人提供床栏、座椅加绳托等保护器具等内容，判定养老机构对老年人遭受的损失应承担50%的赔偿责任。从养老服务的机制方面来看，养老机构不仅要为老年人提供一个硬件设施符合标准要求的生活环境，也要为老年人提供与其身体状况相匹配的照护服务。对此，二审法院显然比一审法院认识得要深刻，作出了一个较为合理的判决。

“跌倒”是导致养老机构老年人伤害事故最常见的原因。本标准要求“有跌倒风险的老年人起床、行走、如厕等应配备助行器具或由工作人员协助”。对养老机构来说，如何判断老年人是否有跌倒风险是极为重要的。只有先判断出老年人有跌倒风险，才能采取防范措施。本案中养老机构显然知晓罗某有跌倒的风险，需要采取防跌倒的措施。但是从法院查明的事实看，养老机构并未采取相应的防范措施。

一、对老年人的跌倒风险进行评估，并确定跌倒风险的来源

按照本标准的要求，养老机构应对老年人的跌倒风险进行评估，并划分风险等级。在本标准颁行之前，没有相关规定强制要求养老机构对老年人专门进行跌倒风险评估。绝大多数养老机构都只是按照民政部发布的《老年人能力评估》行业标准进行评估。在一定意义上来说，《老年人能力评估》可以发现老年人的跌倒风险，但是针对性不够强。在本标准实施之后，养老机构必须对老年人进行跌倒的专项安全风险评估。

跌倒风险评估的意义在于确定老年人的跌倒风险等级及相应的跌倒风险来源，为采取相应的风险防范措施做准备。这样防止老年人发生跌倒事故才具有针对性。有的老年人随着平衡能力逐步下降，跌倒风险逐步加大，这样其活动就需要辅助器具或者养老护理员的保护；有的老年人随着对风险的辨别能力下降，已不能判断其行为可能发生的风险，这样就需要随时看护，并采取必要的约束措施；有的老年人容易躁动、作出过于激烈的行为，由此引发跌倒风险，这可能需要药物的干预。每个老年人跌倒风险的来源不一样，都应有相对应的防范措施。

二、养老机构提供服务的标准应不低于强制性标准，且应与约定提供的服务保持一致

“说到做到”是养老机构提供养老服务必须坚持的原则。在一定意义上来说，为了提高老年人及相关第三方的满意度，养老机构实际“做的”要比“说的”还要多，才能更好地防范风险。养老机构可以提出高于强制性标准的服务标准，但不得低于强制性标准。

本案中的养老机构在《护理等级及护理工作内容》中提出，提供24小时专门护理，确保各项治疗护理措施的落实；对易发生坠床、座椅意外的老人，提供床栏、座椅加绳托等保护器具，确保安全。那么这就成了其义务。该养老机构应按此提供服务，否则就构成了违约。此一节情况正是司法机关判定该养老机构承担50%责任的主要事实依据。

在实践中，养老机构告知老年人及相关第三方的服务标准，与在服务过程中执行的标准可以有所区别。对外公布的服务标准可以适当低于实际执行的内部标准，但不能低于国家强制性标准。如果发生老年人伤亡事故，养老机构可以提供全面履行养老服务协议及执行服务标准的证据，有利于取得较好的诉讼结果。

养老机构对外公布标准一定要慎重。有些养老机构选择不对外公布服务标准。这种做法有利有弊，且基于诉讼中的举证考虑，弊大于利。如果不公布服务标准，则意味着养老机构在诉讼中可能无法证明其服务标准。如果其无法证明服务标准，那么司法机关在审理案件过程中可以参照国家标准、地方标准、行业标准进行判决。这些标准中有些内容是倡导鼓励性的，一些养老机构可能还做不到。在审判越来越重视养老服务标准的背景下，养老机构没有公布自己的服务标准，进而导致适用其他标准，显然存在不利之处。

【相关规定】

《中华人民共和国民法典》

第五百零二条第一款　依法成立的合同，自成立时生效，但是法律另有规定或者当事人另有约定的除外。

第五百零九条　当事人应当按照约定全面履行自己的义务。

当事人应当遵循诚信原则，根据合同的性质、目的和交易习惯履行通知、协助、保密等义务。

当事人在履行合同过程中，应当避免浪费资源、污染环境和破坏生态。

第五百七十七条　当事人一方不履行合同义务或者履行合同义务不符合约定的，应当承担继续履行、采取补救措施或者赔偿损失等违约责任。

案例十：杭州市某养老机构老年人跌倒后救助责任纠纷案[①]

【裁判要旨】

养老机构应当按照合同约定，全面履行合同义务，在老年人跌倒后未尽到救助义务的，应承担违约责任。

【关键词】 跌倒；救助；赔偿责任

【法院认定事实】

2017年2月24日，陈某（乙方，老年人）与被告（甲方，养老机构）、陈某某（丙方，乙方之子）签订《老年公寓入住协议》一份，载明：甲方根据乙方提供的健康状况陈述和体检报告等资料，对乙方的身体状况和能力进行综合评估，护理级别暂定一级。各方约定，乙方在入住期间可以独立外出；如乙方出现疾病或意外伤害等紧急事件，甲方应及时通知丙方，同时尽自身所能立即采取必要救助措施，必要时直接联系120急救中心。被告所提供的一级服务内容包括护理人员24小时值班、每天至少1次巡视房间、督促服药等。

---

① 参见浙江省杭州市富阳区人民法院（2019）浙0111民初3061号民事判决书。

2019 年 2 月 18 日 0 时左右，陈某在二楼走廊转角处摔倒，被值班医生发现，经检查记录如下：00:07 发现一位老人摔倒在公寓 1 号楼 2 楼走廊拐角处，经初步检查患者右侧脸颊肿胀，意识清楚，四肢肌力肌张力正常，生命体征平稳，因条件有限，建议家属送外院行头颅 CT 检查治疗，并密切观察病情变化。被告于 2019 年 2 月 18 日 10 时左右、14 时左右两次致电陈某某，但均无人接听。根据被告的视频资料显示，其间陈某老人仍在自行散步、无其他特殊征兆。2019 年 2 月 18 日 17:50 左右，陈某再次摔倒在房间，值班医生检查记录如下：17:50 接总值班通知陈某摔倒在公寓自己房间，遂急来房间查看老人，经初步检查患者遗留有右侧脸颊肿胀，意识清楚，无头痛头晕，无恶心呕吐，四肢肌力肌张力正常，生命体征平稳，因条件有限，建议通知家属送外院行头颅 CT 检查治疗，并密切观察病情变化。根据值班医生及护理员的记录，第二次摔倒后，陈某亦未有特殊异常。2019 年 2 月 19 日 5:00 左右，护理员发现陈某昏迷不醒，被告立即拨打 120 送医急救。

陈某于 2019 年 2 月 19 日住院治疗，行“开颅血肿清除 + 去骨瓣减压术 + 颅内压探头植入术”，但患者并未好转，于 2019 年 3 月 9 日出院，入院及出院诊断均为：特重型颅脑损伤等。出院情况为：患者昏迷，双侧瞳孔不等大，光反应消失；经口气管插管机械通气……2019 年 3 月

12日，陈某在家中死亡。被告处留有陈某某及陈某另一子女的联系方式。

陈某的近亲属作为原告向法院提起诉讼，请求判令：1. 被告支付原告医疗费、死亡赔偿金、精神抚慰金、丧葬费、办理丧事事宜支出的住宿费、交通费、误工费等，合计468141.56元；2. 被告对因其失误造成陈某死亡在本地日报上公开登报道歉。

【法院裁判】

法院认为，当事人应当按照合同约定，全面履行合同义务。本案中，陈某与被告签订的《老年公寓入住协议》约定，如乙方出现疾病或意外伤害等紧急事件，甲方应及时通知丙方，同时尽自身所能立即采取必要救助措施，必要时直接联系120急救中心。

2019年2月18日0时左右，陈某摔倒后，仅向陈某某拨打电话，电话未能接通后，未再联系另一子女。鉴于当时陈某并无特殊不适，且之后仍能正常行走及正常饮食，被告虽未加以重视，但并不存在过错。2019年2月18日17:50左右，陈某再次摔倒在房间，此时，被告未能予以重视，未再通知陈某某及其他子女，亦未送往医院进一步诊治，对延误陈某的治疗存在一定的责任。根据陈某的住院资料，可以确认陈某死亡的主要原因为特重型颅脑损伤等，根据合同各方的约定，陈某入住被告处期间，在自行走动或活动时发生跌倒骨折、身体损伤等事故的，被告不承担责任，但有义务提供必要的应急帮助和救助。结合陈某作为84岁高龄老人的身体状况及其摔倒后并无特别不适的情形，法院酌情确定被告对陈某的死亡承担15%的赔偿责任。法院认定原告损失共计388083.07元，遂判决被告赔偿原告58212.46元。

【案例分析】

本案中，原告是以服务合同纠纷为案由提起诉讼的。法院也按照合同约定及相关法律规定来审理案件。对合同纠纷案件，确定合同各方权利义务的依据包括合同各方约定及法律规定。对于法律没有规定或者法律虽有规定但同时亦允许当事人另行约定的事项，合同各方在合同中作出约定的内容约束合同各方当事人。所以养老机构应注意在合同中约定的内容，需要履行到位，否则就属于违约行为。无法落实到位的事项，不能写到合同中。

一、本标准中的内容即便未作为合同条款，仍约束养老机构

《中华人民共和国标准化法》第二十五条规定，不符合强制性标准的产品、服务，不得生产、销售、进口或者提供。这是对强制性标准必须予以适用的规定。所以养老机构提供的服务必须达到本标准的要求。即便在合同中约定了低于本标准要求的内容，发生争议时，也不能作为确定合同各方权利义务的依据。

二、养老机构可以提出高于本标准要求的服务标准

如果养老机构在养老服务合同中约定的服务标准高于本标准要求，应按照约定执行。民政部已经发布了《养老机构服务质量基本规范》（GB/T 35796—2017）、《养老机构安全管理》（MZ/T 032—2012）等标准。按照法律规定，这些标准是鼓励养老机构参照适用的。

根据《中华人民共和国民法典》第五百一十一条规定，当事人就质量要求不明确的，按照强制性国家标准履行；没有强制性国家标准的，按照推荐性国家标准履行；没有推荐性国家标准的，按照行业标准履行；没有国家标准、行业标准的，按照通常标准或者符合合同目的的特定标准履行。据此发生争议时，司法机关如果无法查明养老机构适用的服务标准的，有强制性标准的，适用强制性标准；没有强制性标准的，可以适用推荐性标准。

从法律风险防范角度来说，养老机构应当对自己的服务标准进行梳理，在坚持本标准的前提下，明确本机构的服务标准，防止在发生争议时由法院适用高于本机构服务能力的推荐性标准确定养老机构的责任。这对中小养老机构是尤其重要的。

本标准对养老机构的娱乐活动安排没有具体要求。一般大型、中高端养老机构能适当安排老年人的娱乐活动，

而中小型养老机构这方面的能力显然欠缺。中小型养老机构宜根据自身的能力和客观需要，在场次、内容等方面筹划适合人数少、自理能力弱的老年人娱乐活动。

三、谨慎、尽责是养老机构履行合同义务的基本要求

养老机构在解决遇到的老年人非常规事项时，应做到谨慎、尽责。本案中，某养老机构在陈某发生跌倒事件时仅通知其中一个子女，在该子女未接通电话后，未拨打所掌握的另一个子女的联系电话。从履行合同义务方面来说，这是未做到谨慎、尽责的。“谨慎、尽责”的要求，对养老机构而言应当是指在符合生活经验的前提下将能做到的都尽力做到、做好。本案养老机构在掌握另一个子女联系电话的情况下未与该子女联系，对轻而易举之事却未采取进一步行动，明显有瑕疵，而且与“如乙方出现疾病或意外伤害等紧急事件，甲方应及时通知丙方，同时尽自身所能立即采取的必要救助措施，必要时直接联系120急救中心”的约定相违背。养老机构在处理老年人的突发事务时，宜多想一想还有哪些措施或方法、途径可以尝试。

四、养老机构在分析事故责任时应注意事故的发生原因与救助过程

老年人发生伤害事故一般可以分成两个阶段，即事故发生、伤害救助。养老机构虽然对伤害事故的发生没有过错，但是在救助过程中如果措施不当、延误也会承担责

任。所以在分析事故责任时，不能仅看事故发生的原因，还应对救助过程进行分析。

【相关规定】

《中华人民共和国民法典》

第四百六十五条 依法成立的合同，受法律保护。

依法成立的合同，仅对当事人具有法律约束力，但是法律另有规定的除外。

第五百零九条 当事人应当按照约定全面履行自己的义务。

当事人应当遵循诚信原则，根据合同的性质、目的和交易习惯履行通知、协助、保密等义务。

当事人在履行合同过程中，应当避免浪费资源、污染环境和破坏生态。

第五百七十七条 当事人一方不履行合同义务或者履行合同义务不符合约定的，应当承担继续履行、采取补救措施或者赔偿损失等违约责任。

案例十一：北京市某老年公寓老年人之间纠纷他伤事故纠纷案[①]

【裁判要旨】

老年人之间发生纠纷导致一方遭受伤害的，遭受伤害的一方可以要求另一方承担赔偿责任，受害人有过错的，可以减轻另一方的赔偿责任。养老机构如果对老年人之间的纠纷没有尽到管理责任，应按照过错程度承担相应补充赔偿责任。

【关键词】　他伤；老年人之间纠纷；赔偿责任

【法院认定事实】

2017 年 9 月 1 日，陈某与北京市某老年公寓签订养老服务合同书。2018 年 1 月 9 日叶某与该老年公寓签订养老服务合同书。

2018 年 4 月 14 日 20 时许，陈某与叶某在老年公寓二层楼道因琐事发生争执后互相推搡，致陈某摔倒。当日陈某被送至北京市平谷区医院住院治疗。2018 年 7 月 4 日北京市公安局平谷分局作出行政处罚决定书，给予叶某行政

---

① 参见北京市平谷区人民法院（2018）京 0117 民初 8994 号民事判决书。

拘留十日并处罚款五百元。

2018 年 11 月 30 日经北京通达首诚司法鉴定所鉴定，陈某外伤致腰 1 椎体压缩骨折，该鉴定所建议陈某护理期为 60 日、营养期为 60 日。

陈某提起诉讼，要求叶某及其近亲属、老年公寓承担连带赔偿责任，请求判令被告叶某及其近亲属、被告老年公寓等连带赔偿其医疗费、住院伙食补助费用、护理费、营养费、精神损害抚慰金、交通费、案件受理费、鉴定费各项损失共计 137843.82 元。

【法院裁判】

法院认为，公民的生命权、健康权、身体权受法律保护。侵害他人造成人身损害的，应当赔偿医疗费、护理费、交通费等为治疗和康复支出的合理费用，以及因误工减少的收入。造成残疾的，还应当赔偿残疾生活辅助具费和残疾赔偿金。宾馆、商场、银行、车站、娱乐场所等公共场所的管理人或者群众性活动的组织者，未尽到安全保障义务，造成他人损害的，应当承担侵权责任。因第三人的行为造成他人损害的，由第三人承担侵权责任；管理人或者组织者未尽到安全保障义务的，承担相应的补充责任。

据已查明事实，叶某将陈某弄伤，其理应承担赔偿责任；陈某在事发时未保持冷静克制，其行为激化了双方的矛盾，故陈某对冲突的发生亦有一定过错，其理应自负一定责任；老年公寓作为一家养老服务机构，其有义务保障入住者的生命权、身体权、健康权不受侵害，老年公寓在陈某、叶某发生纠纷时未能及时发现并制止，其未尽到相应的安全保障义务，在叶某不能履行赔偿义务时，承担不超过判决总金额30%的补充赔偿责任。

法院判决叶某赔偿陈某医疗费、住院伙食补助费、护理费、营养费、交通费、护理用品费用共计35653.71元；老年公寓在叶某不能按照前项判决履行赔偿义务时，承担不超过前项判决总金额30%的补充赔偿责任，即10696.11元。

【案例分析】

本案是一起老年人之间的伤害事件。在实践中，有些老年人之间的纠纷是临时起意发生的，养老机构无法预料。但是本案中法院的处理方式值得分析，对养老机构处理类似事件有借鉴意义。

一、从陈某角度看如何主张权利

陈某在与叶某争执中受伤，与叶某有最直接的关系。同时，陈某与养老公寓存在服务合同关系，养老公寓有管理老年人之间关系的义务。如果对陈某与叶某之间发生争执，养老公寓没有尽到管理义务则存在违约行为。所以陈某可以选择通过侵权责任法律关系向叶某主张侵权赔偿责任，也可以选择通过合同法律关系向养老公寓主张违约责任。

在侵权责任法律关系中，被侵权人需要证明存在侵权行为、损害后果，且侵权行为与损害后果有因果关系，这样才能获得相应赔偿。而在合同法律关系中，主张违约责任的一方，需要证明对方存在违约行为及违约行为给守约方造成的损失。本案中陈某选择了侵权责任法律关系。从案件办理过程中举证的难度来说，陈某的选择是对其有利的，证明叶某存在侵权行为及相应的损害后果比较容易，而要证明养老公寓存在违约行为则相对困难，存在不确定性。

二、本案中养老公寓的赔偿责任形式属于补充赔偿责任

这是非常值得注意的一点。在有直接侵权责任人的情况下，养老机构如果没有尽到管理义务，承担的是补充赔偿责任，而不是直接赔偿责任。“补充赔偿责任”，是指在直接侵权责任人不能履行赔偿责任时，由于相应责任人未依据合同或者法律规定承担管理责任或者安全保障义务存在过错而应承担的责任。补充赔偿责任的大小，与责任人应承担的管理责任或安全保障义务大小及履行情况有关。这一责任形式具有顺位性，即只有直接侵权责任人不能履行赔偿责任的，才由承担补充赔偿责任的责任人承担责任。法律意义上的“不能履行”一般指有证据证明责任人没有能力偿还，如经过法院强制执行仍无法履行责任。

本案中法院认定养老公寓未尽到安全保障义务，遂认为养老公寓存在过错，应对叶某不能履行赔偿责任时承担不超过赔偿金额30%的补充赔偿责任。从客观方面分析，我们认为，如果养老公寓发现陈某、叶某之间有争议，但没有及时干预疏导，导致争议升级发生人身伤害事故，则存在过错；如果陈某、叶某之间属于临时起意发生的争议，则养老公寓是无法发现的，在此情况下认定养老公寓存在过错是过于苛刻的。养老公寓既无法发现，也不能预见到，就无法采取任何措施。

三、养老机构预防老年人因争议发生他伤的措施

养老机构对老年人有管理的义务。为了谨慎起见，在日常管理过程中，应对老年人开展发生争议时处置措施的宣传教育，一方面要让老年人放宽心，有包容态度，在遇到争议时及时找养老护理员处理，而不要自行处理；另一方面要告知老年人如果发生争议自行处理遭受伤害的风险。养老护理员在工作中发现老年人之间有争议的，要及时想办法疏解，并采取有效的解决方案，而不能听之任之。

【相关规定】

《中华人民共和国民法典》

第一千一百七十三条　被侵权人对同一损害的发生或者扩大有过错的，可以减轻侵权人的责任。

第一千一百七十五条　损害是因第三人造成的，第三人应当承担侵权责任。

第一千一百七十九条　侵害他人造成人身损害的，应当赔偿医疗费、护理费、交通费、营养费、住院伙食补助费等为治疗和康复支出的合理费用，以及因误工减少的收入。造成残疾的，还应当赔偿辅助器具费和残疾赔偿金；造成死亡的，还应当赔偿丧葬费和死亡赔偿金。

第一千一百九十八条　宾馆、商场、银行、车站、机场、体育场馆、娱乐场所等经营场所、公共场所的经营者、管理者或者群众性活动的组织者，未尽到安全保障义务，造成他人损害的，应当承担侵权责任。

因第三人的行为造成他人损害的，由第三人承担侵权责任；经营者、管理者或者组织者未尽到安全保障义务的，承担相应的补充责任。经营者、管理者或者组织者承担补充责任后，可以向第三人追偿。

案例十二：南通市某护理院因老年人报复发生他伤事件纠纷案[①]

【裁判要旨】

护理院的老年人行为异常，图谋报复，后实施犯罪行为造成其他老年人伤害事故，护理院没有采取有效措施遏制事态发展的，应承担违约责任。

【关键词】　他伤；故意犯罪；赔偿责任

【法院认定事实】

受害人陈某于2013年2月13日入住护理院。其家属代表陈某（乙方）与护理院（甲方）签订入院协议书，约定甲方应满足社会需求，为老年人营造良好的治疗、生活环境，同时开展康复保健等项目，全方位为老年人提供优质服务。

2013年10月1日0时许，同住在护理院的老年人孙某因与护理院负责人等有矛盾而心生报复，其先将院内电源切断，在护理院的走廊、门堂地面上洒上食用油，后持手电筒、榔头、剪刀等工具至案外人王某某所住房间，对王

---

① 参见江苏省南通市中级人民法院（2015）通中商终字第00538号民事判决书。

某某头部击打数下，又至陈某所住房间，用榔头对陈某面部等处猛砸，发现老年人陆某逃至大厅，又追上持榔头对其头部猛砸，并将前来查看情况的护工周某某打伤，后孙某的榔头被周某某夺下，剪刀被闻讯赶来的其他人夺下并制服。事发当晚，陈某被送至南通市第一人民医院救治，至2014年6月25日出院。在陈某救治期间，护理院垫付了费用。护理院内没有安装呼叫装置、监控设施，没有保安人员值班。

南通市中级人民法院在审理孙某刑事犯罪案件过程中，查明孙某长期居住于护理院，住院期间与院内其他人员关系不和，因护理院要求其搬离而心生不满，并图谋报复。在事发当月两次与他人发生较激烈冲突，一次冲突中使用榔头实施了暴力行为，110出警处置。孙某在事发前曾扬言要行凶杀人，并为实施犯罪购买了作案所需的工具。在实施犯罪当晚，为确保犯罪得逞，孙某有步骤地实施了拉电闸、在地面洒油等准备工作。孙某构成故意杀人罪，被判处无期徒刑，剥夺政治权利终身。

陈某向法院提起诉讼，请求判令被告赔偿原告残疾赔偿金、营养费、住院伙食补助费、护理费（出院后计算10年）、交通费、鉴定费、精神损害抚慰金等合计539618.60元。

【法院裁判】

一审法院认为，陈某因年事已高而入住护理院，双方经协商签订入院协议书，建立了服务合同关系。陈某在入住护理院期间，被孙某伤害致残，孙某应对其犯罪所造成的损害后果承担全部赔偿责任。但陈某在本案中选择从合同角度要求护理院承担违约赔偿责任，故应依法确定双方的权利义务。

当事人应当按照约定全面履行自己的义务，不履行合同义务或者履行合同义务不符合约定，给对方造成损失的，损失赔偿额相当于因违约造成的损失。根据陈某、护理院签订的入院协议书及卫生部关于护理院基本标准的通知，护理院不仅是护理医疗机构，也是让老年人安度晚年的养老场所，保障入住老人的人身安全、营造良好的生活环境是护理院应尽的义务。尽管陈某所受伤害系孙某犯罪行为直接导致，但是，从孙某实施犯罪的前后经过分析，孙某此次犯罪并非临时起意，而是蓄谋已久并经过充分准备的一次犯罪。如果护理院的管理人员对院内老人的行踪加强监管，应当发现孙某在护理院要求其搬离后产生了较强烈的对立情绪，并在事发前多次外出购买了与院内生活没有关系的物品。所以护理院监管上的缺失导致各方错过了预防、阻止其犯罪的机会。

孙某在实施犯罪前已扬言要行凶杀人，且在与他人产生冲突的过程中使用榔头实施了暴力行为，护理院虽及时向公安机关报警，但并未有针对性地采取安全防范措施，亦未从化解矛盾的角度出发积极对其进行心理疏导，而是采取回避的办法加紧为其安排转院。本就不愿离开护理院的孙某与护理院之间的积怨也因此加深，最终在搬离的前一晚采取极端手段，酿成了惨剧；事发当晚，护理院负责人已发现孙某将护理院大门反锁，仍未引起重视，院内护工也未按制度要求进行巡视。正是由于管理上的疏忽和欠缺，护理院不仅没有及时发现犯罪苗头，反而给孙某顺利实施犯罪提供了可乘之机。护理院未能完全尽到安全保障义务，依法应承担相应的赔偿责任。

但是，应当承认，犯罪分子手段的残忍、犯罪性质的恶劣终非护理院在事前能够充分预见的，即使有所察觉也未必能够完全避免。根据赔偿责任因果关系原则，护理院所承担的赔偿责任范围应与其违约行为具有相当的因果关系，护理院仅对其违约所造成的损失承担赔偿责任。

综合以上分析，一审法院酌定护理院对陈某损失承担80%赔偿责任，判令被告向原告支付赔偿款92692.60元，以及自2015年5月开始，于每月月底前按每天56元的标准向陈某支付当月的护理费，直至陈某去世。

一审判决之后，护理院不服一审判决，提起上诉。二审法院认为，受害人陈某在事故过程中没有任何违约行为或过错，依法不应减轻护理院的赔偿责任。但陈某并未提起上诉，且孙某实施的犯罪行为手段残忍、行为激烈，为衡平双方当事人的权利义务关系，一审法院酌情确定事故责任比例并无不当，故二审法院对护理院承担的赔偿责任比例不再调整，判决驳回上诉，维持原判。

【案例分析】

本案中直接侵权人是孙某。孙某实施故意犯罪行为导致陈某受伤。陈某可以依据《中华人民共和国民法典》第一千一百六十五条第一款“行为人因过错侵害他人民事权益造成损害的，应当承担侵权责任”之规定，要求孙某承担赔偿责任。同时由于陈某与护理院还存在合同关系，如果陈某所受伤害与护理院的违约行为有因果关系，则陈某还可以依据《中华人民共和国民法典》第五百九十三条“当事人一方因第三人的原因造成违约的，应当依法向对方承担违约责任。当事人一方和第三人之间的纠纷，依照法律规定或者按照约定处理”的规定，请求护理院承担违约责任。本案即是陈某按照合同约定，要求护理院承担违约责任。

从法院查明的事实看，孙某在实施导致陈某受伤的犯罪行为之前已有过激行为，而且为了实施此次犯罪进行了准备。但护理院都没有采取有效的防范措施。而护理院为陈某提供安全的休养生活环境是其基本的合同义务。所以护理院对陈某所遭受的伤害是存在违约行为的。

一、本案对执行本标准的启示

本标准在“防他伤和自伤”中要求“发现老年人有他

伤和自伤风险时应进行干预疏导，并告知相关第三方”“发生他伤和自伤情况时，应及时制止并视情况报警、呼叫医疗急救，同时及时告知相关第三方”，规定了养老机构的两方面责任。一是在发现老年人有他伤和自伤风险时要进行干预疏导，并告知相关第三方。养老机构的干预疏导要与老年人的他伤和自伤风险相适应，能发挥作用。二是在发生他伤和自伤情况时，要及时制止并视情况报警、呼叫医疗急救，同时及时告知相关第三方。

反观本案护理院在孙某他伤事件中恰恰是没有做好“干预疏导”工作，在发现孙某存在他伤情况时，主要考虑的是如何能让孙某离院，对其本人的精神状况并没有采取相应措施。如果在已发生他伤的情况下及时、坚决让孙某离院也就不会发生后续的激烈犯罪行为。在孙某多次威胁要杀人报复的情况下，护理院仍然不够重视，最终导致惨案的发生。

关注老年人的言语、行为的异常是养老机构工作人员的一项重要工作内容。如果发现异常，应及时干预，不能拖延，待发生严重后果已追悔莫及。

二、养老机构所做的“干预疏导”工作要有证据证明

老年人有自伤或他伤风险对养老机构来说已属于重大风险，要特别重视。在此过程中所做的工作都要留下记录，告知相关第三方的信息要通过微信、QQ、录音等方式保存记录。如果相关第三方不予理会，通过快递信函的方式告知也是必要的选择之一。养老机构也可以通过提起民事诉讼，要求解除养老服务合同，通过法院强制执行的方式让老年人离院。

养老机构要把自己谨小慎微的工作过程记录保存下来以备不测，否则一旦发生他伤或自伤事件，轻则面临承担赔偿责任的风险，重则管理人员、直接责任人可能面临承担刑事责任的风险。

【相关规定】

《中华人民共和国民法典》

第五百零九条　当事人应当按照约定全面履行自己的义务。

当事人应当遵循诚信原则，根据合同的性质、目的和交易习惯履行通知、协助、保密等义务。

当事人在履行合同过程中，应当避免浪费资源、污染环境和破坏生态。

第五百七十七条　当事人一方不履行合同义务或者履行合同义务不符合约定的，应当承担继续履行、采取补救措施或者赔偿损失等违约责任。

第五百八十四条　当事人一方不履行合同义务或者履行合同义务不符合约定，造成对方损失的，损失赔偿额应当相当于因违约所造成的损失，包括合同履行后可以获得的利益；但是，不得超过违约一方订立合同时预见到或者应当预见到的因违约可能造成的损失。

第五百九十二条　当事人都违反合同的，应当各自承担相应的责任。

当事人一方违约造成对方损失，对方对损失的发生有过错的，可以减少相应的损失赔偿额。

第五百九十三条　当事人一方因第三人的原因造成违约的，应当依法向对方承担违约责任。当事人一方和第三人之间的纠纷，依照法律规定或者按照约定处理。

案例十三：武汉市某养老机构老年人翻越栏杆自伤事故纠纷案[1]

【裁判要旨】

养老机构发现老年人有精神异常，但未采取相应的干预措施，同时建筑物不符合设计标准，由此导致老年人发生伤害事故的，养老机构应当承担赔偿责任。精神异常的老年人实施自我伤害行为的，可以减轻养老机构的赔偿责任。

【关键词】　自伤；精神异常；建筑设施；赔偿责任

【法院认定事实】

2014年10月15日，王某某（乙方）的法定代理人王某（丙方）与某老年公寓（甲方）签订《代养人员入住协议书》，约定："乙方入院时甲方有权根据乙方身体状况、生活自理能力及政府有关标准，确定乙方护理等级，并按约定收取相应的床位、护理等费用……因乙方自身年龄、身体条件、患病及其他生理、心理原因或者因乙方未经甲方工作人员允许、帮助，擅自实施个人行为或参加活动时

① 参见湖北省武汉市中级人民法院（2018）鄂01民终7602号民事判决书。

发生的包含生命、身体、健康在内的一切主动或被动损害后果（包括但不限于正常死亡，非正常死亡，身体、健康受到伤害，生理或心理上造成伤害）其后果和责任均应由乙方自行承担……乙方被确定为a1级护理……”

协议签订后，王某某一直在老年公寓处代养，居住在该中心五楼。2016年3月，老年公寓工作人员发现王某某精神开始不正常。老年公寓经王某某的法定代理人王某同意，给王某某服用药物，其病情明显好转。同年4月30日6时左右，王某某突然从房间冲出，翻越楼道栏杆，从五楼坠落至一楼洗澡间屋顶。后其被送至华中科技大学同济医学院附属梨园医院住院66天，被诊断为上肢损伤右足软组织挫裂伤等症。2016年11月17日，经王某某单方委托，湖北中真司法鉴定所作出鉴定意见书，意见为王某某的损伤评定为八级残疾。一审诉讼过程中，老年公寓向法院申请对王某某的伤残等级进行重新鉴定，法院予以准许。2018年3月20日，湖北同济法医学司法鉴定中心出具鉴定意见书，意见为王某某受的伤，一处为八级伤残，一处为十级伤残。

王某某坠落的楼梯外护栏高度为0.8m。《民用建筑设计通则》（GB 50352—2005）第6.6.3条规定，阳台、外廊、室内回廊、内天井、上人屋面及室外楼梯等临空处应设置防护栏杆，并应符合下列规定：……临空高度在24m

以下时，栏杆高度不应低于 1.05m，临空高度在 24m 及 24m 以上（包括中高层住宅）时，栏杆高度不应低于 1.10m……

王某某向法院提起诉讼，请求判令被告老年公寓赔偿原告伤残赔偿金、护理费、后期治疗费、医疗费、住院伙食补助费、营养费、交通费、鉴定及检查费、精神损害抚慰金各项损失合计 201045 元。

【法院裁判】

一、一审法院的判决理由

一审法院认为，本案的争议焦点为老年公寓是否构成侵权。

王某某系妄想性精神分裂症患者，老年公寓在本次事故发生之前即已经知晓王某某精神出现不正常状况，其可以按照《代养人员入住协议书》的约定将王某某送至监护人的住所或拒绝接收王某某，但老年公寓选择接受对王某某继续代养并收取代养费用。此时，老年公寓应当对有精神疾病的被代养人尽到与普通的被代养人不尽相同的看护和安全管理职责，应当具有更高程度的注意义务，不能因和被代养人签署了相关免责协议，就将对王某某的看护、安全管理职责完全转嫁给其监护人。

一方面，老年公寓明知王某某精神出现不正常状况而未对其采取特殊保护（包括护理人员随时留意王某某的行为），当其冲出房间亦没有采取任何阻止、防范措施，老年公寓存在疏忽大意的过失；另一方面，老年公寓作为建筑物的使用、管理者，楼梯外护栏高度明显不符合国家标准，这在客观上使王某某顺利攀爬护栏坠楼成为现实，其设置的设施存在安全隐患，老年公寓未尽到安全保障义务。因此，老年公寓对于王某某未尽到“人”和“物”两方面的看护及安全保障义务而造成王某某受伤，应当承担相应的侵权赔偿责任。

当然，王某某本身患有精神疾病，其监护人对其状况应为明知，且造成王某某受伤的直接原因是其自身故意翻越栏杆。综合双方的过错程度及导致王某某受伤的原因力大小等因素，一审法院酌情确定王某某的损失由老年公寓承担50%的赔偿责任，判决老年公寓赔偿给原告104591.67元。

二、二审法院的判决理由

一审宣判后，原、被告均提起上诉。在二审中，双方的争议焦点为：一审判决对于本案的责任比例划分是否适当。对此，二审法院认为：

王某某自身是妄想性精神分裂症患者，此次坠楼事件系其精神出现异常状况，在错误意识支配下翻越栏杆而导致身体伤害。王某某的坠楼系其自主行为，并无外界原因力参与其中，对于此种自身伤害行为，即使行为人是被非正常精神意志所支配，也仍属于自主行为，产生该损害结果不应将主要责任归咎于外界的其他因素。

就老年公寓而言，王某某坠落的楼梯外护栏高度为0.8米，按照《民用建筑设计通则》（GB 50352—2005）的规定，临空高度在24米以下时，栏杆高度不应低于1.05米，老年公寓的楼梯护栏显然不符合该国家标准。老年公寓称公寓设施已经民政、消防、安监等部门检验合格，但行政管理法律关系与民事损害赔偿法律关系分属不同的部门法规制，行政审批合格不能成为侵权人免除侵权损害赔偿责任的理由。老年公寓的楼梯护栏高度违反了相关国家标准，未达到法定的安全高度，在一定程度上为王某某的坠楼提供了便利，对此老年公寓存在过错，应当承担相应的赔偿责任。

此外，在2016年4月30日王某某坠楼之前，其已经出现精神不正常的情况。即使无明确的医学鉴定意见确定其为精神病人，从日常生活经验出发，对待此种精神异常的代养老人，老年公寓也应尽到比普通代养老人更为谨慎的注意义务，采取更为合理的防范措施以避免不必要的损害发生。老年公寓未及时将王某某从原先居住的五楼迁移至相对安全的一楼，在一定程度上促成了王某某坠楼事件的发生，对此老年公寓亦存在过错。

据此，二审法院判决驳回上诉，维持原判。

【案例分析】

从法院的判决理由来看，本案事故的发生有多方面的原因，具体来看包括养老机构发现老年人精神异常却没有采取有效的干预措施。养老机构在事故发生前，已经发现了王某某有精神异常状况，且经相关第三方同意后给予服药控制，说明养老机构已经意识到了老年人的精神异常状况存在较大危险。但是养老机构此后没有采取进一步的措施，进而发生了本案的事故。

一、本标准中对有自伤风险的老年人“干预疏导”的要求

本标准要求养老机构发现老年人有他伤和自伤风险时应进行干预疏导。这一要求仅从文义看非常简单，关键词有两个：“发现”和“干预疏导”。在实践中，养老护理员稍微用心一些，发现老年人有自伤或他伤风险是相对容易的。最重要的在于“干预疏导”。这又可以分成两方面，一方面是“干预”，另一方面是“疏导”。

就本案来看，养老机构不仅发现了老年人精神异常，而且采取了以药物控制的干预措施。但是从效果来看，养老机构并未采取足够有效的防范措施。所以法院认为养老机构没有尽到更为谨慎的注意义务。从实践需要来看，养老机构应采取足以防范事故发生的“干预疏导”措施。这要在个案中才能作出判断。

发现老年人有自伤风险后，养老机构应以超过普通人的专业的护理服务标准来采取“干预疏导”措施，以体现养老服务的专业性，让司法机关在审理案件时能感受到养老机构已采取了足够的防范措施，但还是未能避免事故。如此方能使得司法机关在衡平各方面因素利害关系后作出有利于养老机构的判决。

养老机构应配置社会工作者、心理咨询师等工作人员。若有这方面的能力，应发挥其作用，将有精神障碍的老年人作为个案进行处理，体现养老服务的个性化特征。

值得指出的是，在本案中，老年公寓经家属同意就给老年人服用药物是不可取的。药物的服用应以医疗机构有相应执业范围的医师开具的医嘱为依据。

二、养老服务设施设计、建设应达到国家的强制性标准要求

本案中养老机构的栏杆高度未达到国家强制性标准要求。在此情况下，司法机关确定养老机构对事故发生存在过错。即便养老机构的设施已经过相关行政部门的检查、验收，也无法免除养老机构为老年人提供符合国家标准要求的建筑设施的法定义务。

本标准在基本要求中规定，养老机构应符合消防、卫生与健康、环境保护、食品药品、建筑、设施设备标准中的强制性规定及要求。对于建筑的设计、建设都应由有资

质的供应商来提供，以确保建筑符合强制性标准的要求。所以养老机构在进行建筑设施的设计、装修、改造等活动时，应签署相应的合同，并审查相应供应商的资质。如果在解决老年人伤亡事故纠纷的过程中，发现导致事故发生的原因有建筑设计、建设违反强制性标准的情形，养老机构可以依据合同追究相关供应商的责任。

【相关规定】

《中华人民共和国民法典》

第一千一百六十五条　行为人因过错侵害他人民事权益造成损害的，应当承担侵权责任。

依照法律规定推定行为人有过错，其不能证明自己没有过错的，应当承担侵权责任。

第一千一百七十三条　被侵权人对同一损害的发生或者扩大有过错的，可以减轻侵权人的责任。

第一千一百九十八条　宾馆、商场、银行、车站、机场、体育场馆、娱乐场所等经营场所、公共场所的经营者、管理者或者群众性活动的组织者，未尽到安全保障义务，造成他人损害的，应当承担侵权责任。

因第三人的行为造成他人损害的，由第三人承担侵权责任；经营者、管理者或者组织者未尽到安全保障义务的，承担相应的补充责任。经营者、管理者或者组织者承担补充责任后，可以向第三人追偿。

案例十四：宁海县某敬老院聋哑人走失事故纠纷案[①]

【裁判要旨】

养老机构虽不能限制完全民事行为能力老年人外出，但未按照自定的请假制度执行，导致老年人走失未被及时发现的，属于管理过失，应承担相应的过错责任。

【关键词】　走失；规章制度；赔偿责任

【法院认定事实】

逝者陈某系聋哑人，终身未娶妻生子，符合五保条件，于2017年3月14日提出申请，要求入敬老院集中供养。2017年3月15日，宁海县某人民政府为甲方，宁海县某村委会为乙方，宁海县某敬老院为丙方，陈某及其侄子陈某明为丁方，签订《宁海县农村五保对象集中供养协议》，约定宁海县某敬老院贯彻执行国家有关五保供养和敬老院工作的方针、政策和法规；为五保老人提供吃、穿、住、医等基本生活保障；组织制定院内的各项规章制度和敬老院发展规划；组织发展院办经济，增强敬老院自

① 参见宁波市宁海县人民法院（2018）浙0226民初5824号民事判决书。

身发展的活力，不断提高供养人员的生活水平。

2018 年 2 月 13 日（腊月二十八），陈某手提一只红色礼盒去往力洋。2018 年 2 月 15 日（大年三十），陈某明到被告处准备接陈某回家过年，发现陈某走失。之后经多方寻找，于 2018 年 2 月 17 日在某开发区的一个厂房内找到陈某。陈某送医后经诊断为多处骨折、急性弥漫性腹膜炎、消化道穿孔，于 2018 年 3 月 9 日抢救无效死亡。

宁海县某敬老院的规章制度规定，供养人员外出，必须请假，由院长批准。工作人员应“检查请假人员离院、归院情况”“安排查铺人员”，并将相关情况汇报领导。某敬老院提出证据证明，陈某执意要离开敬老院，工作人员才同意陈某离开的。

陈某的监护人作为原告向法院提起诉讼，请求判令被告赔偿原告医疗费、死亡赔偿金、丧葬费、办理丧葬人员误工费、护理费、住院伙食补助费等各项损失合计 373933.8 元。

【法院裁判】

法院认为，陈某于 2018 年 2 月 13 日走失，但被告某敬老院未能及时发现，直至陈某明到被告处接人才发现，存在管理疏漏。且陈某为聋哑人，行动能力存在障碍，被告不应该让陈某一人外出，也未能及时通知家属。被告的规章制度规定供养人员外出必须请假，由院长批准。陈某未经批准执意外出，被告应尽善良之注意义务，及时通知家属，并按照规章制度的规定“检查请假人员离院、归院情况”“安排查铺人员”，并将相关情况汇报领导，故被告上述行为与陈某的死亡结果存在因果关系，被告存在过错。

但陈某并非无民事行为能力人或限制民事行为能力人，被告不能限制其外出，陈某外出之后受伤经抢救无效死亡，非因被告原因直接造成。法院酌定被告应对原告的损失承担20%的赔偿责任，判决被告赔偿原告61661.67元。

【案例分析】

随着年龄的增长，老年人的辨识能力、空间定向能力会不断下降。有些老年人的下降幅度可能会较大，导致其存在走失的风险，无法再独立外出。这些情况有时是在不知不觉中发生的。养老机构应谨慎小心地防范老年人走失风险。从法院查明的事实看，本案中某敬老院没有意识到陈某是否可以独自外出应由其根据陈某的身体、精神状况来决定，而不取决于老年人的执意离开，但已经意识到了陈某独自外出可能存在风险，否则工作人员就不会在其外出时加以阻拦。其虽然意识到了风险，也加以阻拦，但是未坚决制止，而且在陈某离开之后又不管不问，更是错上加错。该敬老院虽有管理老年人出入的规章制度，但从执行情况来看成为一纸空文。由此而言，法院认为养老机构存在管理过失，应对老年人的走失承担责任，是适当的。

总结本案的教训，结合本标准的要求，在防范老年人走失方面可以采取以下措施：

一、入住时及住养期间应对老年人的走失安全风险进行评估

走失安全风险评估是养老机构防范老年人走失风险的第一道防线。对老年人的辨识能力、空间定向能力进行评估，以确定老年人是否存在走失风险。应按照本标准的要求，制定老年人走失风险评估标准，并划分风险等级，采取相应的风险防范措施。

在入住时对老年人的走失安全风险进行评估，以确定在入住之后老年人是否可以独自外出，便于养老机构进行管理。随着老年人身体状况、行为辨识能力的下降，入住时可以独自外出的老年人，有可能已不再适于独自外出。按照本标准的要求，每年至少需要进行一次评估。在护理服务中发现老年人有走失可能的，应及时进行评估。

二、严格执行老年人走失的风险防范措施

1. 对经评估没有走失风险的老年人，当天返回的，了解情况即可；当天不能返回的，可以在办理请假手续后独立外出，请假时应说明其目的地、可以见到的人员、大致回机构的时间。机构最好将相关情况告知相关第三方。在巡查中应注意老年人是否在预计回机构的时间已经返回，发现异常的，应及时与老年人及相关第三方联系。

2. 对经评估有走失风险的老年人，必须在有陪同人员随同的情况下方可外出。“陪同人员”可以是相关第三方或其允许的人员。为了方便，在办理入住手续时可以由相关第三方明确哪些人可以陪同老年人外出。按照本标准的要求，在外出前老年人应办理外出请假手续。

3. 对在院的有走失风险的老年人，应重点巡查，在交接班时也要核查。

4. 还有非常重要的一点是管理好所有老年人可以出入的门、通道，防止老年人出入脱离监管。门没有管好，风险依然很大。

以上这些措施要有执行的刚性，不允许任何人未经批准擅自变更老年人外出的风险防范措施。

三、老年人的意愿与走失风险的防范

这是养老机构需要特别处理的事项。有的老年人经评估有一定程度的走失风险，养老机构确定老年人不能独自外出，但是老年人及相关第三方均认为老年人可以独自外出，并坚决要求独自外出。在此情况下，养老机构需要特别处理，应告知老年人及相关第三方老年人存在走失的风险，向老年人及相关第三方说明养老机构为了防止有走失风险老年人走失拟采取的措施，并且告知此情况下老年人可能遭受的风险，如果老年人及相关第三方明确表示接受，让其签订相应文件。

【相关规定】

《中华人民共和国民法典》

第一千一百七十九条　侵害他人造成人身损害的，应当赔偿医疗费、护理费、交通费、营养费、住院伙食补助费等为治疗和康复支出的合理费用，以及因误工减少的收入。造成残疾的，还应当赔偿辅助器具费和残疾赔偿金；造成死亡的，还应当赔偿丧葬费和死亡赔偿金。

第一千一百八十一条　被侵权人死亡的，其近亲属有权请求侵权人承担侵权责任。被侵权人为组织，该组织分立、合并的，承继权利的组织有权请求侵权人承担侵权责任。

被侵权人死亡的，支付被侵权人医疗费、丧葬费等合理费用的人有权请求侵权人赔偿费用，但是侵权人已经支付该费用的除外。

第一千一百九十八条　宾馆、商场、银行、车站、机场、体育场馆、娱乐场所等经营场所、公共场所的经营者、管理者或者群众性活动的组织者，未尽到安全保障义务，造成他人损害的，应当承担侵权责任。

因第三人的行为造成他人损害的，由第三人承担侵权责任；经营者、管理者或者组织者未尽到安全保障义务的，承担相应的补充责任。经营者、管理者或者组织者承担补充责任后，可以向第三人追偿。

案例十五：重庆市某养老机构未遵守外出管理约定、未设置监控系统老年人走失纠纷案[①]

【裁判要旨】

养老机构未按照合同约定及地方标准的规定对老年人外出进行管理，未按照《养老设施建筑设计规范》（GB 50867—2013）的要求安装监控系统，导致未能及时发现老年人私自外出的，应承担相应的过错责任。但涉案老年人系完全民事行为能力人，对自身身体状况及行为应当具有清醒认知，应当意识到其年老体弱，在炎热天气状况下独自出行有一定安全风险，其违反外出管理规定，未向养老机构请假自行外出存在过错，可以减轻养老机构的赔偿责任。

【关键词】　走失；服务设施；强制性标准；赔偿责任

【法院认定事实】

2018年4月12日，被告某养老院（甲方）与老年人刘某某的子女（乙方）、刘某某（丙方）共同签订了《服务休养合同书》，载明："甲方义务：一、提供资质等级相

① 参见重庆市荣昌区人民法院（2018）渝0153民初4989号民事判决书、重庆市第五中级人民法院（2019）渝05民终1998号民事判决书。

应的服务设施和活动场所、生活起居、文化娱乐，配备与服务规模相适应的具有专业知识、技能的医疗护理人员；为丙方提供的生活设施及用品需是安全可靠的；有完善的管理规章和服务流程；甲方在能力范围内保障丙方生命财产安全，防止丙方意外伤害……三、乙方应当如实、全面地说明丙方的性情特征、智力情况、自理情况。若乙方未如实、全面、详细说明丙方情况造成后期费用上涨、护理不当、丙方丢失、丙方给甲方及其他人造成损失等情况，均由乙方自行承担责任……四、丙方在入住期间因打架造成的受伤、死亡，以及自行外出造成的丢失，乙方自行承担责任，甲方不予负责。丙方义务：……四、丙方为自理人员时，外出应当告知甲方。丙方应对自己的外出行为负责，若造成丙方自己的身体受伤或者死亡，或者给他人造成伤害的，丙方自行承担责任。五、若丙方为半自理或者不能自理人员，外出时应当告知甲方，甲方可以通知乙方使其知晓，丙方在乙方或相应人员陪同的情况下才能外出。丙方外出后，陪同人员应照顾好丙方，丙方因外出产生的损失或者丢失，甲方不承担责任。六、丙方外出必须向甲方请假，遵守上述规定。若丙方自行外出，造成损失或者丢失，甲方不负责任……关于安全：……七、丙方已达到不能自理程度，或者丙方的情况已超出甲方能够护理的能力范围，乙方应及时联系转院或甲方协助联系转院。

若丙方或者乙方仍坚持将丙方留在甲方处，如发生意外，甲方不承担责任……第二十七条　丙方在休养期间因故需离院外出，应当由乙方或丙方的亲属办理请假手续……第二十九条　有下列情况，甲方不承担责任：……5. 丙方在乙方或丙方其他亲属探视期间或丙方请假外出期间以及丙方擅自外出并未告知管理人员而发生意外情况的。”合同签订后，刘某某即入住该养老院，并缴纳了费用。

2018 年 7 月 22 日 14 时 50 分左右，刘某某在被告某养老院不知情的情况下离院外出。此后刘某某走失未归。被告某养老院工作人员发现刘某某走失后，于 16 时 30 分许电话告知了原告方刘某某走失一事。因寻人未果，被告某养老院工作人员于当日 17 时 37 分向荣昌区公安局昌元派出所报警。报警后，老人家属及被告某养老院继续进行寻找。2018 年 7 月 24 日 7 时 19 分，昌元派出所接到群众报警，报警人称发现刘某某死在被告老年公寓附近。案（事件）接报回执载明：“2018 年 7 月 24 日 7:19:59 昌元所接指挥中心转警称在昌元街道螺罐山前天报走失的老人刘某某，85 岁，现在发现死在老年公寓附近。接警后民警迅速赶到现场，经了解系肖某在荣昌区王家坝坡砍竹子时发现死者刘某某，后通过报警人曾某所贴的寻人启事联系到家属并报警，经了解，死者刘某某系 2018 年 7 月 22 日 15 时许在荣昌区某养老院中被发现走失，在荣昌区螺罐山王家坝坡被发现死亡，经初步调查，排除他杀可能，死者家属对死者刘某某死因无异议，不申请尸检。”2018 年 8 月 8 日，重庆市荣昌区昌元街道社区卫生服务中心出具了居民死亡医学证明（推断）书，载明刘某某死亡时间为 2018 年 7 月 24 日，死亡原因为中暑。

刘某某的近亲属作为原告向法院提起诉讼，请求判令被告赔偿原告误工费、交通费、死亡赔偿金、精神损害抚慰金、丧葬费等各项损失共计 165310 元。

审理中，经原告申请法院向昌元派出所调取了刘某某死亡一案的相关询问笔录。叶某在 2018 年 7 月 24 日昌元派出所对其所作询问笔录中称：“我开了一家养老院，养老院里面住的一个老人（刘某某）在外面死了……2018 年 7 月 22 日 15 时多，我们养老院吃水果的时候，我就发现刘某某不在养老院，有一个在养老院住的老人张某就告诉我刘某某脚痛到我们养老院隔壁的诊所拿药。我就打电话问诊所郭医生，她就告诉我刘某某拿了药已经离开一会儿了，我就在养老院找她，没有找到，我就走出养老院在附近找了一下但是没有找到人，于是我就给刘某某的大女儿打电话……当天 16 时多我就喊我的员工都出去找刘某某。但是直到 23 时都没找到人。第二天，也就是 2018 年 7 月 23 日，我们也找了一天，还是没有找到人。2018 年 7 月 24 日 7 时多我接到刘某某家属给我打的电话，说有人在离养老院大约1公里的竹林里面发现了刘某某的尸体……她（刘某某）平时身体很好，没发现什么毛病。”

2018年7月24日，曾某在询问笔录中称：“刘某某是我姨妈。2018年7月22日中午2时50分许，刘某某从所住的某养老院走出来后就不知去向，养老院16时许才通知刘某某的女儿吕某，吕某就从重庆赶回来和家中亲属一起寻找老人，一直未果……直到24日6时许，王家坝附近的村民打电话给我们说有人在王家坝一竹林下面躺着，叫我们来辨认是否是走失的刘某某，我们亲属来了后发现是我姨妈刘某某并且已经死亡……我昨天上午寻找刘某某时遇到养老院的一个员工也在寻找……刘某某没有疾病，但记忆力很差，她死亡地点离养老院约有一公里。”

发现刘某某死亡的肖某在询问笔录中称：“2018年7月24日6时许，我来到王家坡上砍竹子，我当时走到坡下时发现了一个人睡在地上，我就被吓到离开了，回到家后我就想到昨天晚上有人家里人走丢了到处在找，于是我就找来寻人启事给对方家属打了电话，后来就报了警……”

庭审中，被告提交了养老院相关管理制度及安全责任制度、突发事件报告制度、出入登记表等，拟证明被告管理制度齐全、完备，出入人员均须登记，并且已明确告知入住老人外出需请假。原告质证后对被告上述证据均不予认可，认为无法证明上述规章制度是案发前制作还是案发后制作的。被告还提交了2018年5月10日昌元街道社区卫生服务中心出具的刘某某的健康体检结果反馈单（载明：健康状况评价为心电图有异常）及入住其他老人等的《服务休养合同》及费用收据。被告据此认为刘某某入住时身体健康、精神正常，并无其他疾病及残疾情况，且根据刘某某每月1200元的收费标准与其他老人身体状况及收费对比，能够确定刘某某的护理等级为自理老人，而自理老人出入养老院仅需登记无需护理人员陪护。

原告方认为根据刘某某的年龄及身体状况，根据《重庆市养老机构管理服务标准》不属于自理老人，出入养老院需要登记及护理人员陪同。原告方提供了事发当天养老院外监控两段，其中附近鱼塘监控视频显示2018年7月22日14时52分许，日照强烈，气温较高，刘某某拄杖在公路上行走，速度正常。附近公路边饭馆监控视频显示，当日15时40分许，刘某某仍拄杖行走在公路边，速度相比前段视频明显迟缓。原告还举示了与被告方工作人员谈话视频两段，拟证明被告管理人员人数不足、管理存在缺陷。被告质证后认为对两段监控视频真实性无异议，证明老人行动正常，身体状况良好。被告对后两段谈话视频的真实性不认可，不能达到原告的证明目的。

因被告认为刘某某未进行尸检，具体死亡原因不明，其审理过程中还曾申请对刘某某的死亡原因进行鉴定，但原告方明确不同意对刘某某的死亡原因进行鉴定。

【法院裁判】

一审法院认为，现有证据表明刘某某2018年7月22日14时50分许在被告某养老院不知情的情形下自行走出养老院，此后未归，直至2018年7月24日6时许被人发现死于螺罐山王家坡竹林下，死亡医学证明（推断）书认定死亡原因为中暑，死亡时间为7月24日。被告虽申请对刘某某的死亡原因进行鉴定，但刘某某已入土为安多日，原告方明确不同意进行鉴定，刘某某生前也未经过急救，未留下医学病历资料。根据其年龄、身体状况、天气状况、无外力伤害等客观情形和通常认知，其中暑死亡具有高度可信度，故被告申请对死亡原因进行鉴定既无必要，客观上亦无可能，不予准许。对刘某某于2018年7月24日中暑死亡的事实依法予以确认。

《重庆市养老机构管理服务标准》第五条规定，老人外出实行请销假制度。自理老人可自行书面请假外出，养老机构为老人佩戴写有姓名和联系方式的卡片；失能、半失能老人外出应由工作人员或亲属陪护。养老机构应当建立巡视查房制度，及时、准确掌握服务对象的具体情况，发现问题及时报告和处理。刘某某与被告签订的《休养合同》中也有老人外出需向被告请假的相关约定。

同时，中华人民共和国住房和城乡建设部发布的《养老设施建筑设计规范》（GB 50867—2013）第 5.5.2 条规定，老年养护院和养老院的总值班室宜靠近建筑主要出入口设置，并应设置建筑设备设施控制系统、呼叫报警系统和电视监控系统。但本案中，刘某某 14 时 50 分左右未向被告请假即自行走出养老院。刘某某外出未向被告请假具有过错，但被告亦未尽到合理管理照料义务，未安装监控系统，未能及时发现老人私自外出，未按照《重庆市养老机构管理服务标准》的规定及合同约定，对刘某某外出进行登记并采取相应保障措施，致使年老体弱的老人独自一人在高温天气下走失，最终中暑死亡。被告虽辩称养老院内安装了监控设施，但未能提供监控视频，一审法院对此不予采信。

综上，被告某养老院对刘某某从养老院中走失至中暑死亡负有管理照料上的过失，应当向原告承担赔偿责任。但刘某某本人系完全民事行为能力人，对自身身体状况及行为应当具有清醒认知，应当意识到其年老体弱，在炎热天气状况下独自出行有一定安全风险，其违反《休养合同》的约定及《重庆市养老机构管理服务标准》的相关规定，未向被告告知及请假自行外出，因自身身体原因导致死亡，其自身应当承担主要责任。原告称刘某某神经和神志不清楚，入院时记忆力减退等，但未能提供充分证据，且被告提供的昌元街道社区卫生服务中心出具的刘某某的健康体检结果反馈单也未提及刘某某神志不清等，故对原告上述意见不予采信。鉴于被告提供的通话记录及老人亲属曾某的询问笔录均证明被告发现老人走失后及时通知家属且报警，并且积极派人进行了寻找等相关因素，结合本案具体情况，酌情确定被告某养老院对刘某某死亡承担20%的赔偿责任。《中华人民共和国合同法》第五十三条[①]规定，合同中造成对方人身伤害的免责条款无效。故对被告辩称根据《休养合同》中约定刘某某未经请假即外出被告应当免责的相关意见不予采信。

经审理，一审法院酌情确定被告对原告的损失承担20%的赔偿责任，判决被告赔偿原告19857.2元。

一审法院宣判之后，被告养老院提起上诉。二审法院支持了一审法院的判决理由，判决驳回上诉，维持原判。

【案例分析】

本案系一起有走失风险的老年人因养老机构未严格遵守外出管理规定而引发的老年人走失事故。这起案件对养老机构的管理有多方面的启示意义。

一、本案可以印证本标准要求进行走失安全风险评估的作用

从本案公开的裁判文书来看，家属一方认为老年人记

① 该条现对应《中华人民共和国民法典》第五百零六条。

忆力差，应属于半自理老年人。而养老机构认为老年人精神正常、身体健康，属于自理老年人，可以自行外出。对此，法院未予置评。双方争议的根本问题在于老年人自行外出是否存在安全风险。由于该案审判时，没有相关规定或标准要求养老机构对老年人进行走失专项安全风险评估，法院也就不可能以没有进行走失安全风险评估确定养老机构承担责任。随着本标准的实施，如果养老机构没有对老年人进行走失安全风险评估，法院可以直接以没有进行走失安全风险评估为由认定养老机构存在过错。

二、养老机构的管理不符合合同约定构成过错

法院在本案判决中，从养老机构管理责任的角度出发，认为虽然老年人为完全民事行为能力人，但是养老机构未按照约定办理出入登记手续、未安装监控系统，故养老机构存在过错。

养老机构欲证明其对老年人外出管理的严谨性，举出了《养老服务协议》、养老院相关管理制度及安全责任制度、突发事件报告制度、出入登记表等，但这些证据恰恰反映了养老机构管理不善，虽有制度文件规定，但没有落到实处。该养老机构如果严格执行了老年人出入院登记制度，就会发现老年人没有请假离开机构的情况。《重庆市养老机构管理服务标准》对老年人外出规定，养老机构为老人佩戴写有姓名和联系方式的卡片。从法院查明的事实

及判决理由看，养老机构也没有采取相应的保障措施。

三、养老机构的硬件设施不符合国家标准，与老年人走失存在关联性的，应认定养老机构存在过错

中华人民共和国住房和城乡建设部发布的《养老设施建筑设计规范》（GB 50867—2013）第5.5.2条规定，老年养护院和养老院的总值班室宜靠近建筑主要出入口设置，并应设置建筑设备设施控制系统、呼叫报警系统和电视监控系统。本案中，养老机构虽称其安装了监控系统，但没有提供相应的视频。故法院未采纳养老机构的抗辩意见。

本标准要求养老机构的服务设施应符合国家标准的强制性要求。《养老设施建筑设计规范》（GB 50867—2013）属于养老机构应遵守的建筑设计标准。如果养老机构的建筑设计不符合该标准，并发生了与此相关的事故，法院认定养老机构承担相应责任的风险较大。

四、养老机构服务合同中的免责条款效力

（一）养老机构服务合同与格式条款

养老机构服务合同使用的一般都是格式条款。《中华人民共和国民法典》第四百九十六条第一款规定，格式条款是当事人为了重复使用而预先拟定，并在订立合同时未与对方协商的条款。从《中华人民共和国民法典》对格式条款的定义来看，格式条款的构成要件包括：为了重复使

用而预先拟定，在订立合同时未与对方协商。养老机构服务合同的绝大多数内容都属于格式条款。

（二）格式条款[①]的效力

《中华人民共和国民法典》第四百九十六条第二款规定，采用格式条款订立合同的，提供格式条款的一方应当遵循公平原则确定当事人之间的权利和义务，并采取合理的方式提示对方注意免除或者减轻其责任等与对方有重大利害关系的条款，按照对方的要求，对该条款予以说明。提供格式条款的一方未履行提示或者说明义务，致使对方没有注意或者理解与其有重大利害关系的条款的，对方可以主张该条款不成为合同的内容。

由此可见，法律规定了提供格式条款一方免除或者限制其责任的条款的提示、说明义务。在合同订立时采用足以引起对方注意的文字、符号、字体等特别标识，并按照对方的要求对该格式条款予以说明的，人民法院可以认定符合《中华人民共和国民法典》第四百九十六条第二款所称“采取合理的方式”。如果没有履行提示、说明，相关

① 《中华人民共和国民法典》将《中华人民共和国合同法》《最高人民法院关于适用〈中华人民共和国合同法〉若干问题的解释（二）》中有关格式条款的内容基本全部吸纳，仅对“未履行提示或者说明义务，致使对方没有注意或者理解与其有重大利害关系的条款的”的法律后果作了修订，由“对方可以主张撤销”，改为“对方可以主张该条款不成为合同的内容”。

条款可以被法院认定为不属于合同内容。

根据《中华人民共和国民法典》第四百九十七条、第五百零六条规定，致使格式条款无效的情形主要包括：

1. 提供格式条款一方不合理地免除或者减轻其责任、加重对方责任、限制对方主要权利；

2. 提供格式条款一方排除对方主要权利；

3. 造成对方人身损害的；

4. 因故意或者重大过失造成对方财产损失的。

就我们所见案例，几乎没有法院支持养老机构制定的免责条款。养老机构在制定养老机构服务合同时，对约定养老机构不承担责任的情形应慎重，不宜径行规定养老机构不承担责任的条款，否则不仅老年人及相关第三方看到合同条款会感觉受到不公待遇，并且实际上也发挥不了任何作用，还会损害养老机构的社会形象。

【相关规定】

《中华人民共和国民法典》

第一百二十条　民事权益受到侵害的，被侵权人有权请求侵权人承担侵权责任。

第一千一百六十五条第一款　行为人因过错侵害他人民事权益造成损害的，应当承担侵权责任。

第一千一百七十三条　被侵权人对同一损害的发生或者扩大有过错的，可以减轻侵权人的责任。

第一千一百七十九条 侵害他人造成人身损害的，应当赔偿医疗费、护理费、交通费、营养费、住院伙食补助费等为治疗和康复支出的合理费用，以及因误工减少的收入。造成残疾的，还应当赔偿辅助器具费和残疾赔偿金；造成死亡的，还应当赔偿丧葬费和死亡赔偿金。

第一千一百八十一条 被侵权人死亡的，其近亲属有权请求侵权人承担侵权责任。被侵权人为组织，该组织分立、合并的，承继权利的组织有权请求侵权人承担侵权责任。

被侵权人死亡的，支付被侵权人医疗费、丧葬费等合理费用的人有权请求侵权人赔偿费用，但是侵权人已经支付该费用的除外。

附　　录

中华人民共和国老年人权益保障法

（1996年8月29日第八届全国人民代表大会常务委员会第二十一次会议通过　根据2009年8月27日第十一届全国人民代表大会常务委员会第十次会议《关于修改部分法律的决定》第一次修正　2012年12月28日第十一届全国人民代表大会常务委员会第三十次会议修订　根据2015年4月24日第十二届全国人民代表大会常务委员会第十四次会议《关于修改〈中华人民共和国电力法〉等六部法律的决定》第二次修正　根据2018年12月29日第十三届全国人民代表大会常务委员会第七次会议《关于修改〈中华人民共和国劳动法〉等七部法律的决定》第三次修正）

目　　录

第一章　总　　则

第一条　为了保障老年人合法权益，发展老龄事业，弘扬中华民族敬老、养老、助老的美德，根据宪法，制定本法。

第二条　本法所称老年人是指六十周岁以上的公民。

第三条　国家保障老年人依法享有的权益。

老年人有从国家和社会获得物质帮助的权利，有享受社会服务和社会优待的权利，有参与社会发展和共享发展成果的权利。

禁止歧视、侮辱、虐待或者遗弃老年人。

第四条　积极应对人口老龄化是国家的一项长期战略任务。

国家和社会应当采取措施，健全保障老年人权益的各项制度，逐步改善保障老年人生活、健康、安全以及参与社会发展的条件，实现老有所养、老有所医、老有所为、老有所学、老有所乐。

第五条　国家建立多层次的社会保障体系，逐步提高对老年人的保障水平。

国家建立和完善以居家为基础、社区为依托、机构为支撑的社会养老服务体系。

倡导全社会优待老年人。

第六条　各级人民政府应当将老龄事业纳入国民经济和社会发展规划，将老龄事业经费列入财政预算，建立稳定的经费保障机制，并鼓励社会各方面投入，使老龄事业与经济、社会协调发展。

国务院制定国家老龄事业发展规划。县级以上地方人民政府根据国家老龄事业发展规划，制定本行政区域的老龄事业发展规划和年度计划。

县级以上人民政府负责老龄工作的机构，负责组织、协调、指导、督促有关部门做好老年人权益保障工作。

第七条　保障老年人合法权益是全社会的共同责任。

国家机关、社会团体、企业事业单位和其他组织应当按照各自职责，做好老年人权益保障工作。

基层群众性自治组织和依法设立的老年人组织应当反映老年人的要求，维护老年人合法权益，为老年人服务。

提倡、鼓励义务为老年人服务。

第八条　国家进行人口老龄化国情教育，增强全社会积极应对人口老龄化意识。

全社会应当广泛开展敬老、养老、助老宣传教育活动，树立尊重、关心、帮助老年人的社会风尚。

青少年组织、学校和幼儿园应当对青少年和儿童进行敬老、养老、助老的道德教育和维护老年人合法权益的法制教育。

广播、电影、电视、报刊、网络等应当反映老年人的生活，开展维护老年人合法权益的宣传，为老年人服务。

第九条 国家支持老龄科学研究，建立老年人状况统计调查和发布制度。

第十条 各级人民政府和有关部门对维护老年人合法权益和敬老、养老、助老成绩显著的组织、家庭或者个人，对参与社会发展做出突出贡献的老年人，按照国家有关规定给予表彰或者奖励。

第十一条 老年人应当遵纪守法，履行法律规定的义务。

第十二条 每年农历九月初九为老年节。

第二章 家庭赡养与扶养

第十三条 老年人养老以居家为基础，家庭成员应当尊重、关心和照料老年人。

第十四条 赡养人应当履行对老年人经济上供养、生活上照料和精神上慰藉的义务，照顾老年人的特殊需要。

赡养人是指老年人的子女以及其他依法负有赡养义务的人。

赡养人的配偶应当协助赡养人履行赡养义务。

第十五条　赡养人应当使患病的老年人及时得到治疗和护理；对经济困难的老年人，应当提供医疗费用。

对生活不能自理的老年人，赡养人应当承担照料责任；不能亲自照料的，可以按照老年人的意愿委托他人或者养老机构等照料。

第十六条　赡养人应当妥善安排老年人的住房，不得强迫老年人居住或者迁居条件低劣的房屋。

老年人自有的或者承租的住房，子女或者其他亲属不得侵占，不得擅自改变产权关系或者租赁关系。

老年人自有的住房，赡养人有维修的义务。

第十七条　赡养人有义务耕种或者委托他人耕种老年人承包的田地，照管或者委托他人照管老年人的林木和牲畜等，收益归老年人所有。

第十八条　家庭成员应当关心老年人的精神需求，不得忽视、冷落老年人。

与老年人分开居住的家庭成员，应当经常看望或者问候老年人。

用人单位应当按照国家有关规定保障赡养人探亲休假的权利。

第十九条　赡养人不得以放弃继承权或者其他理由，拒绝履行赡养义务。

赡养人不履行赡养义务，老年人有要求赡养人付给赡养费等权利。

赡养人不得要求老年人承担力不能及的劳动。

第二十条 经老年人同意，赡养人之间可以就履行赡养义务签订协议。赡养协议的内容不得违反法律的规定和老年人的意愿。

基层群众性自治组织、老年人组织或者赡养人所在单位监督协议的履行。

第二十一条 老年人的婚姻自由受法律保护。子女或者其他亲属不得干涉老年人离婚、再婚及婚后的生活。

赡养人的赡养义务不因老年人的婚姻关系变化而消除。

第二十二条 老年人对个人的财产，依法享有占有、使用、收益和处分的权利，子女或者其他亲属不得干涉，不得以窃取、骗取、强行索取等方式侵犯老年人的财产权益。

老年人有依法继承父母、配偶、子女或者其他亲属遗产的权利，有接受赠与的权利。子女或者其他亲属不得侵占、抢夺、转移、隐匿或者损毁应当由老年人继承或者接受赠与的财产。

老年人以遗嘱处分财产，应当依法为老年配偶保留必要的份额。

第二十三条 老年人与配偶有相互扶养的义务。

由兄、姐扶养的弟、妹成年后，有负担能力的，对年老无赡养人的兄、姐有扶养的义务。

第二十四条 赡养人、扶养人不履行赡养、扶养义务的，基层群众性自治组织、老年人组织或者赡养人、扶养人所在单位应当督促其履行。

第二十五条　禁止对老年人实施家庭暴力。

第二十六条　具备完全民事行为能力的老年人，可以在近亲属或者其他与自己关系密切、愿意承担监护责任的个人、组织中协商确定自己的监护人。监护人在老年人丧失或者部分丧失民事行为能力时，依法承担监护责任。

老年人未事先确定监护人的，其丧失或者部分丧失民事行为能力时，依照有关法律的规定确定监护人。

第二十七条　国家建立健全家庭养老支持政策，鼓励家庭成员与老年人共同生活或者就近居住，为老年人随配偶或者赡养人迁徙提供条件，为家庭成员照料老年人提供帮助。

第三章　社会保障

第二十八条　国家通过基本养老保险制度，保障老年人的基本生活。

第二十九条　国家通过基本医疗保险制度，保障老年人的基本医疗需要。享受最低生活保障的老年人和符合条件的低收入家庭中的老年人参加新型农村合作医疗和城镇居民基本医疗保险所需个人缴费部分，由政府给予补贴。

有关部门制定医疗保险办法，应当对老年人给予照顾。

第三十条　国家逐步开展长期护理保障工作，保障老年人的护理需求。

对生活长期不能自理、经济困难的老年人，地方各级人民政府应当根据其失能程度等情况给予护理补贴。

第三十一条 国家对经济困难的老年人给予基本生活、医疗、居住或者其他救助。

老年人无劳动能力、无生活来源、无赡养人和扶养人，或者其赡养人和扶养人确无赡养能力或者扶养能力的，由地方各级人民政府依照有关规定给予供养或者救助。

对流浪乞讨、遭受遗弃等生活无着的老年人，由地方各级人民政府依照有关规定给予救助。

第三十二条 地方各级人民政府在实施廉租住房、公共租赁住房等住房保障制度或者进行危旧房屋改造时，应当优先照顾符合条件的老年人。

第三十三条 国家建立和完善老年人福利制度，根据经济社会发展水平和老年人的实际需要，增加老年人的社会福利。

国家鼓励地方建立八十周岁以上低收入老年人高龄津贴制度。

国家建立和完善计划生育家庭老年人扶助制度。

农村可以将未承包的集体所有的部分土地、山林、水面、滩涂等作为养老基地，收益供老年人养老。

第三十四条 老年人依法享有的养老金、医疗待遇和其他待遇应当得到保障，有关机构必须按时足额支付，不得克扣、拖欠或者挪用。

国家根据经济发展以及职工平均工资增长、物价上涨等情况，适时提高养老保障水平。

第三十五条　国家鼓励慈善组织以及其他组织和个人为老年人提供物质帮助。

第三十六条　老年人可以与集体经济组织、基层群众性自治组织、养老机构等组织或者个人签订遗赠扶养协议或者其他扶助协议。

负有扶养义务的组织或者个人按照遗赠扶养协议，承担该老年人生养死葬的义务，享有受遗赠的权利。

第四章　社会服务

第三十七条　地方各级人民政府和有关部门应当采取措施，发展城乡社区养老服务，鼓励、扶持专业服务机构及其他组织和个人，为居家的老年人提供生活照料、紧急救援、医疗护理、精神慰藉、心理咨询等多种形式的服务。

对经济困难的老年人，地方各级人民政府应当逐步给予养老服务补贴。

第三十八条　地方各级人民政府和有关部门、基层群众性自治组织，应当将养老服务设施纳入城乡社区配套设施建设规划，建立适应老年人需要的生活服务、文化体育活动、日间照料、疾病护理与康复等服务设施和网点，就近为老年人提供服务。

发扬邻里互助的传统，提倡邻里间关心、帮助有困难的老年人。

鼓励慈善组织、志愿者为老年人服务。倡导老年人互助服务。

第三十九条　各级人民政府应当根据经济发展水平和老年人服务需求，逐步增加对养老服务的投入。

各级人民政府和有关部门在财政、税费、土地、融资等方面采取措施，鼓励、扶持企业事业单位、社会组织或者个人兴办、运营养老、老年人日间照料、老年文化体育活动等设施。

第四十条　地方各级人民政府和有关部门应当按照老年人口比例及分布情况，将养老服务设施建设纳入城乡规划和土地利用总体规划，统筹安排养老服务设施建设用地及所需物资。

公益性养老服务设施用地，可以依法使用国有划拨土地或者农民集体所有的土地。

养老服务设施用地，非经法定程序不得改变用途。

第四十一条　政府投资兴办的养老机构，应当优先保障经济困难的孤寡、失能、高龄等老年人的服务需求。

第四十二条　国务院有关部门制定养老服务设施建设、养老服务质量和养老服务职业等标准，建立健全养老机构分类管理和养老服务评估制度。

各级人民政府应当规范养老服务收费项目和标准，加强监督和管理。

第四十三条　设立公益性养老机构，应当依法办理相应的登记。

设立经营性养老机构，应当在市场监督管理部门办理登记。

养老机构登记后即可开展服务活动，并向县级以上人民政府民政部门备案。

第四十四条　地方各级人民政府加强对本行政区域养老机构管理工作的领导，建立养老机构综合监管制度。

县级以上人民政府民政部门负责养老机构的指导、监督和管理，其他有关部门依照职责分工对养老机构实施监督。

第四十五条　县级以上人民政府民政部门依法履行监督检查职责，可以采取下列措施：

（一）向养老机构和个人了解情况；

（二）进入涉嫌违法的养老机构进行现场检查；

（三）查阅或者复制有关合同、票据、账簿及其他有关资料；

（四）发现养老机构存在可能危及人身健康和生命财产安全风险的，责令限期改正，逾期不改正的，责令停业整顿。

县级以上人民政府民政部门调查养老机构涉嫌违法的行为，应当遵守《中华人民共和国行政强制法》和其他有关法律、行政法规的规定。

第四十六条　养老机构变更或者终止的，应当妥善安置收住的老年人，并依照规定到有关部门办理手续。有关部门应当为养老机构妥善安置老年人提供帮助。

第四十七条　国家建立健全养老服务人才培养、使用、评价和激励制度，依法规范用工，促进从业人员劳动报酬合理增长，发展专职、兼职和志愿者相结合的养老服务队伍。

国家鼓励高等学校、中等职业学校和职业培训机构设置相关专业或者培训项目，培养养老服务专业人才。

第四十八条　养老机构应当与接受服务的老年人或者其代理人签订服务协议，明确双方的权利、义务。

养老机构及其工作人员不得以任何方式侵害老年人的权益。

第四十九条　国家鼓励养老机构投保责任保险，鼓励保险公司承保责任保险。

第五十条　各级人民政府和有关部门应当将老年医疗卫生服务纳入城乡医疗卫生服务规划，将老年人健康管理和常见病预防等纳入国家基本公共卫生服务项目。鼓励为老年人提供保健、护理、临终关怀等服务。

国家鼓励医疗机构开设针对老年病的专科或者门诊。

医疗卫生机构应当开展老年人的健康服务和疾病防治工作。

第五十一条　国家采取措施，加强老年医学的研究和人才培养，提高老年病的预防、治疗、科研水平，促进老年病的早期发现、诊断和治疗。

国家和社会采取措施，开展各种形式的健康教育，普及老年保健知识，增强老年人自我保健意识。

第五十二条　国家采取措施，发展老龄产业，将老龄产业列入国家扶持行业目录。扶持和引导企业开发、生产、经营适应老年人需要的用品和提供相关的服务。

第五章 社会优待

第五十三条 县级以上人民政府及其有关部门根据经济社会发展情况和老年人的特殊需要，制定优待老年人的办法，逐步提高优待水平。

对常住在本行政区域内的外埠老年人给予同等优待。

第五十四条 各级人民政府和有关部门应当为老年人及时、便利地领取养老金、结算医疗费和享受其他物质帮助提供条件。

第五十五条 各级人民政府和有关部门办理房屋权属关系变更、户口迁移等涉及老年人权益的重大事项时，应当就办理事项是否为老年人的真实意思表示进行询问，并依法优先办理。

第五十六条 老年人因其合法权益受侵害提起诉讼交纳诉讼费确有困难的，可以缓交、减交或者免交；需要获得律师帮助，但无力支付律师费用的，可以获得法律援助。

鼓励律师事务所、公证处、基层法律服务所和其他法律服务机构为经济困难的老年人提供免费或者优惠服务。

第五十七条 医疗机构应当为老年人就医提供方便，对老年人就医予以优先。有条件的地方，可以为老年人设立家庭病床，开展巡回医疗、护理、康复、免费体检等服务。

提倡为老年人义诊。

第五十八条 提倡与老年人日常生活密切相关的服务行业为老年人提供优先、优惠服务。

城市公共交通、公路、铁路、水路和航空客运，应当为老年人提供优待和照顾。

第五十九条 博物馆、美术馆、科技馆、纪念馆、公共图书馆、文化馆、影剧院、体育场馆、公园、旅游景点等场所，应当对老年人免费或者优惠开放。

第六十条 农村老年人不承担兴办公益事业的筹劳义务。

第六章 宜居环境

第六十一条 国家采取措施，推进宜居环境建设，为老年人提供安全、便利和舒适的环境。

第六十二条 各级人民政府在制定城乡规划时，应当根据人口老龄化发展趋势、老年人口分布和老年人的特点，统筹考虑适合老年人的公共基础设施、生活服务设施、医疗卫生设施和文化体育设施建设。

第六十三条 国家制定和完善涉及老年人的工程建设标准体系，在规划、设计、施工、监理、验收、运行、维护、管理等环节加强相关标准的实施与监督。

第六十四条 国家制定无障碍设施工程建设标准。新建、改建和扩建道路、公共交通设施、建筑物、居住区等，应当符合国家无障碍设施工程建设标准。

各级人民政府和有关部门应当按照国家无障碍设施工程建设标准，优先推进与老年人日常生活密切相关的公共服务设施的改造。

无障碍设施的所有人和管理人应当保障无障碍设施正常使用。

第六十五条　国家推动老年宜居社区建设，引导、支持老年宜居住宅的开发，推动和扶持老年人家庭无障碍设施的改造，为老年人创造无障碍居住环境。

第七章　参与社会发展

第六十六条　国家和社会应当重视、珍惜老年人的知识、技能、经验和优良品德，发挥老年人的专长和作用，保障老年人参与经济、政治、文化和社会生活。

第六十七条　老年人可以通过老年人组织，开展有益身心健康的活动。

第六十八条　制定法律、法规、规章和公共政策，涉及老年人权益重大问题的，应当听取老年人和老年人组织的意见。

老年人和老年人组织有权向国家机关提出老年人权益保障、老龄事业发展等方面的意见和建议。

第六十九条　国家为老年人参与社会发展创造条件。根据社会需要和可能，鼓励老年人在自愿和量力的情况下，从事下列活动：

（一）对青少年和儿童进行社会主义、爱国主义、集体主义和艰苦奋斗等优良传统教育；

（二）传授文化和科技知识；

（三）提供咨询服务；

（四）依法参与科技开发和应用；

（五）依法从事经营和生产活动；

（六）参加志愿服务、兴办社会公益事业；

（七）参与维护社会治安、协助调解民间纠纷；

（八）参加其他社会活动。

第七十条　老年人参加劳动的合法收入受法律保护。

任何单位和个人不得安排老年人从事危害其身心健康的劳动或者危险作业。

第七十一条　老年人有继续受教育的权利。

国家发展老年教育，把老年教育纳入终身教育体系，鼓励社会办好各类老年学校。

各级人民政府对老年教育应当加强领导，统一规划，加大投入。

第七十二条　国家和社会采取措施，开展适合老年人的群众性文化、体育、娱乐活动，丰富老年人的精神文化生活。

第八章　法律责任

第七十三条　老年人合法权益受到侵害的，被侵害人或者其代理人有权要求有关部门处理，或者依法向人民法院提起诉讼。

人民法院和有关部门，对侵犯老年人合法权益的申诉、控告和检举，应当依法及时受理，不得推诿、拖延。

第七十四条 不履行保护老年人合法权益职责的部门或者组织，其上级主管部门应当给予批评教育，责令改正。

国家工作人员违法失职，致使老年人合法权益受到损害的，由其所在单位或者上级机关责令改正，或者依法给予处分；构成犯罪的，依法追究刑事责任。

第七十五条 老年人与家庭成员因赡养、扶养或者住房、财产等发生纠纷，可以申请人民调解委员会或者其他有关组织进行调解，也可以直接向人民法院提起诉讼。

人民调解委员会或者其他有关组织调解前款纠纷时，应当通过说服、疏导等方式化解矛盾和纠纷；对有过错的家庭成员，应当给予批评教育。

人民法院对老年人追索赡养费或者扶养费的申请，可以依法裁定先予执行。

第七十六条 干涉老年人婚姻自由，对老年人负有赡养义务、扶养义务而拒绝赡养、扶养，虐待老年人或者对老年人实施家庭暴力的，由有关单位给予批评教育；构成违反治安管理行为的，依法给予治安管理处罚；构成犯罪的，依法追究刑事责任。

第七十七条 家庭成员盗窃、诈骗、抢夺、侵占、勒索、故意损毁老年人财物，构成违反治安管理行为的，依法给予治安管理处罚；构成犯罪的，依法追究刑事责任。

第七十八条　侮辱、诽谤老年人，构成违反治安管理行为的，依法给予治安管理处罚；构成犯罪的，依法追究刑事责任。

第七十九条　养老机构及其工作人员侵害老年人人身和财产权益，或者未按照约定提供服务的，依法承担民事责任；有关主管部门依法给予行政处罚；构成犯罪的，依法追究刑事责任。

第八十条　对养老机构负有管理和监督职责的部门及其工作人员滥用职权、玩忽职守、徇私舞弊的，对直接负责的主管人员和其他直接责任人员依法给予处分；构成犯罪的，依法追究刑事责任。

第八十一条　不按规定履行优待老年人义务的，由有关主管部门责令改正。

第八十二条　涉及老年人的工程不符合国家规定的标准或者无障碍设施所有人、管理人未尽到维护和管理职责的，由有关主管部门责令改正；造成损害的，依法承担民事责任；对有关单位、个人依法给予行政处罚；构成犯罪的，依法追究刑事责任。

第九章　附　　则

第八十三条　民族自治地方的人民代表大会，可以根据本法的原则，结合当地民族风俗习惯的具体情况，依照法定程序制定变通的或者补充的规定。

第八十四条　本法施行前设立的养老机构不符合本法规定条件的，应当限期整改。具体办法由国务院民政部门制定。

第八十五条　本法自2013年7月1日起施行。

养老机构服务安全基本规范

（GB 38600—2019）

（国家市场监督管理总局、国家标准化管理委员会2019年12月27日发布　2022年1月1日实施）

目　　次

前　言

本标准的全部技术内容为强制性。

本标准按照 GB/T 1. 1—2009 给出的规则起草。

本标准由中华人民共和国民政部提出并归口。

养老机构服务安全基本规范

1　范围

本标准规定了养老机构服务安全的基本要求、安全风险评估、服务防护、管理要求。

本标准适用于养老机构的服务安全管理。

2　规范性引用文件

下列文件对于本文件的应用是必不可少的。凡是注日期的引用文件，仅注日期的版本适用于本文件。凡是不注日期的引用文件，其最新版本（包括所有的修改单）适用于本文件。

GB2893　安全色

GB2894　安全标志及其使用导则

3 术语和定义

下列术语和定义适用于本文件。

3.1 相关第三方 relevant third party

老年人配偶、监护人以及为老年人提供资金担保或委托代理的个人或组织。

注： 改写 GB/T 35796—2017，定义 3.4。

3.2 床单元 bed unit

养老机构老年人床位所包含的设备和物品。

4 基本要求

4.1 养老机构应符合消防、卫生与健康、环境保护、食品药品、建筑、设施设备标准中的强制性规定及要求。

4.2 使用安全标志应按照 GB 2893、GB 2894 的要求。

4.3 养老护理员应经培训合格后上岗。

4.4 应制定昼夜巡查、交接班制度，并对检查、服务开展情况进行记录。

4.5 应制定老年人个人信息和监控内容保密制度。

4.6 应防止在养老机构内兜售保健食品、药品。

4.7 污染织物应单独清洗、消毒、处置。

4.8 老年人生活、活动区域应禁止吸烟。

5　安全风险评估

5.1　老年人入住养老机构前应结合老年人日常生活活动、精神状态、感知觉与沟通、社会参与进行服务安全风险评估。

5.2　服务安全风险评估应包括噎食、食品药品误食、压疮、烫伤、坠床、跌倒、他伤和自伤、走失、文娱活动意外方面的风险。

5.3　每年应至少进行1次阶段性评估，并保存评估记录。

5.4　评估结果应告知相关第三方。

5.5　应根据评估结果划分风险等级。

6　服务防护

6.1　防噎食

6.1.1　应为有噎食风险的老年人提供适合其身体状况的食物。

示例： 流质、软食。

6.1.2　有噎食风险的老年人进食时应在工作人员视线范围内，或由工作人员帮助其进食。

6.2　防食品药品误食

6.2.1　应定期检查，防止老年人误食过期或变质的食品。

6.2.2　发现老年人或相关第三方带入不适合老年人食用的食品，应与老年人或相关第三方沟通后处理。

6.2.3　提供服药管理服务的机构，应与老年人或相关第三方签订服药管理协议，准确核对发放药品。

6.2.4　发生误食情况时应及时通知专业人员。

6.3　防压疮

6.3.1　应对有压疮风险的老年人进行检查：皮肤是否干燥、颜色有无改变、有无破损，尿布、衣被等是否干燥平整。

6.3.2　预防压疮措施应包括：变换体位、清洁皮肤、器具保护、整理床铺并清除碎屑。

6.3.3　应对检查情况予以记录。

6.4　防烫伤

6.4.1　倾倒热水时应避开老年人。

6.4.2　洗漱、沐浴前应调节好水温，盆浴时先放冷水再放热水。

6.4.3　应避免老年人饮用、进食高温饮食。

6.4.4　应避免老年人接触高温设施设备与物品。

示例：开水炉、高温消毒餐具、加热后的器皿。

6.4.5　使用取暖物时，应观察老年人的皮肤。

6.4.6　应有安全警示标识。

6.5 防坠床

6.5.1 应对有坠床风险的老年人重点观察与巡视。

6.5.2 应帮助有坠床风险的老年人上下床。

6.5.3 睡眠时应拉好床护栏。

6.5.4 应检查床单元安全。

6.6 防跌倒

6.6.1 老年人居室、厕所、走廊、楼梯、电梯、室内活动场所应保持地面干燥，无障碍物。

6.6.2 应观察老年人服用药物后的反应。

6.6.3 有跌倒风险的老年人起床、行走、如厕等应配备助行器具或由工作人员协助。

6.6.4 地面保洁等清洁服务实施前及过程中应放置安全标志。

6.7 防他伤和自伤

6.7.1 发现老年人有他伤和自伤风险时应进行干预疏导，并告知相关第三方。

6.7.2 应专人管理易燃易爆、有毒有害、尖锐物品以及吸烟火种。

6.7.3 发生他伤和自伤情况时，应及时制止并视情况报警、呼叫医疗急救，同时及时告知相关第三方。

6.8　防走失

6.8.1　有走失风险的老年人应重点观察、巡查，交接班核查。

6.8.2　有走失风险的老年人外出应办理手续。

6.9　防文娱活动意外

6.9.1　应观察文娱活动中老年人的身体和精神状态。

6.9.2　应对活动场所进行地面防滑、墙壁边角和家具防护处理。

7　管理要求

7.1　应急预案

7.1.1　应制定噎食、压疮、坠床、烫伤、跌倒、走失、他伤和自伤、食品药品误食、文娱活动意外突发事件应急预案，并每年至少演练1次。

7.1.2　应制定突发事件报告程序。

7.2　评价与改进

7.2.1　应每半年至少对本标准涉及的服务安全风险防范工作评价1次。

7.2.2　服务及评价中发现安全隐患应整改、排除。

7.3　安全教育

7.3.1　应制定安全教育年度计划。

7.3.2　养老机构从业人员上岗、转岗前应接受安全教育。

7.3.3　养老机构从业人员每半年应至少接受1次岗位安全、职业安全教育，考核合格率不低于80%。

7.3.4　相关第三方、志愿者和从事维修、保养、装修等短期工作人员应接受养老机构用电、禁烟、火种使用、门禁使用、尖锐物品管理安全教育。

7.3.5　应对老年人开展安全宣传教育。

参考文献

［1］GB/T 35796—2017 养老机构服务质量基本规范

［2］中华人民共和国老年人权益保障法．全国人民代表大会常务委员会. 2018 年 12 月 29 日

［3］国务院办公厅关于推进养老服务发展的意见．国办发〔2019〕5 号. 2019 年 3 月 29 日

养老机构服务质量基本规范

（GB/T 35796—2017）

（中华人民共和国国家质量监督检验检疫总局、中国国家标准化管理委员会2017年12月29日发布2017年12月29日实施）

目　次

前　言

本标准按照GB/T 1.1—2009给出的规则起草。

本标准由民政部提出。

本标准由全国社会福利服务标准化技术委员会（SAC/TC 315）归口。

本标准起草单位：民政部社会福利和慈善事业促进司、民政部社会救助司、民政部社会福利中心、北京市第一社会福利院、北京市民政局、北京大学护理学院、江苏省苏州市社会福利总院、安徽省质量和标准化研究院、湖北省武汉市江汉区社会福利院、湖北省武汉市标准化研究院。

本标准主要起草人：李邦华、刘勇、常华、雷洋、谢红、彭嘉琳、张陆、熊承刚、孙文平、强鹏、王习宇、曾伟、戴继男、张文秋。

养老机构服务质量基本规范

1　范围

本标准规定了养老机构服务的基本要求、服务项目与质量要求、管理要求、服务评价与改进。

本标准适用于养老机构的服务质量管理。

2　规范性引用文件

下列文件对于本文件的应用是必不可少的。凡是注日期的引用文件，仅注日期的版本适用于本文件。凡是不注日期的引用文件，其最新版本（包括所有的修改单）适用于本文件。

GB 50140 建筑灭火器配置设计规范

GB 50763 无障碍设计规范

MZ/T 032—2012 养老机构安全管理

3　术语和定义

下列术语和定义适用于本文件。

3.1　生活照料服务 daily living care service

协助或照顾老年人饮食、起居、清洁、卫生等日常生活的活动。

3.2　医疗护理服务 medical nursing service

为老年人提供疾病预防、保健、康复、照护的活动。

3.3　安宁服务 hospice service

为临终老年人及相关第二方提供特别服务支持及心理慰藉的活动，以及应相关第三方要求，协助办理相关后事的活动。

3.4　相关第三方 relevant third party

为老年人提供资金担保、监护或委托代理责任的个人或组织，如亲属、村（居）委会、老年人原单位等。

4　基本要求

4.1　养老机构应持有养老机构设立许可证。

4.2　提供餐饮服务的养老机构，应持有食品经营许可证。

4.3　养老机构的内设医疗机构，应持有医疗机构执业许可证。

4.4　提供其他应依法许可的服务的养老机构，应持有相应许可证明。

4.5　外包服务应与有资质的外包服务机构签订协议。

5　服务项目与质量要求

5.1　出入院服务

5.1.1　服务内容

出入院服务内容包括但不限于：入院评估、入院手续办理、出院手续办理。

5.1.2　服务要求

5.1.2.1　应建立老年人入院评估制度，评估内容包括但不限于：老年人生理心理状况、服务需求。

5.1.2.2　老年人入院评估结果应经老年人或相关第三方认可，并作为提供相应服务的依据。

5.1.2.3　应采集相关第三方基本信息。

5.1.2.4　老年人确认入住后，养老机构应与老年人和相关第三方签署服务合同，服务合同内容包括但不限于：权利义务、服务内容、服务标准、收费标准、合同的变更和解除。

5.1.2.5　特困人员入住应按规定办理接收手续。

5.1.2.6　协助老年人及相关第三方办理入院手续。

5.1.2.7　老年人终止服务、出院，养老机构应通知相关第三方，协助老年人及相关第三方办理出院手续。

5.2　生活照料服务

5.2.1　服务内容

生活照料服务内容包括但不限于：协助老年人个人饮食、起居、清洁卫生、排泄、体位转移。

5.2.2　服务要求

5.2.2.1　应提供24 h服务，记录交接班情况。

5.2.2.2　养老护理员应了解所服务老年人的基本信息，包括但不限于：姓名、个人生活照料重点、个人爱好、精神心理情况。

5.2.2.3　养老护理员应定时巡查老年人居室，观察老年人身心状况，发现特殊情况及时报告并协助处理，

5.2.2.4　生活照料服务的要求包括但不限于：

a）防止跌倒、烫伤；

b）保持皮肤、口腔、头发、手足指（趾）甲、会阴部清洁，外表整洁，无长指（趾）甲；保持老年人床铺整洁。

5.3　膳食服务

5.3.1　服务内容

膳食服务内容包括但不限于：为老年人提供集体用餐和个人用餐服务。

5.3.2 服务要求

5.3.2.1 应尊重老年人宗教信仰、民族习惯，结合老年人生理特点、身体状况、生活习惯制定食谱，做到营养均衡。

5.3.2.2 食品加工与制作应符合食品监督管理要求，符合食品安全相关规定。

5.3.2.3 加工后的储存应做到成品与半成品分开、生熟分开。

5.3.2.4 每周应对食谱内容进行调整，向老年人公布并存档。临时调整时，应提前告知。

5.3.2.5 应建立食品留样备查制度，每日留样品种齐全，每种样品不少于100g，并在专用盒上标注品名、时间、餐别、采样人，并将留样盒放置于0℃～4℃冰箱内，储存时间不少于48 h，并留样记录。

5.3.2.6 每餐应对餐（饮）具、送餐工具清洗消毒，每日处理餐厨垃圾。

5.3.2.7 膳食服务人员应身着洁净的工作服，佩戴口罩和工作帽，保持个人清洁。

5.3.2.8 老年人集体用餐时，应配备相应服务人员予以协助。

5.4 清洁卫生服务

5.4.1 服务内容

清洁卫生服务内容包括但不限于：公共区域及老年人居室

内的清洁。

5.4.2　**服务要求**

5.4.2.1　公共区域和老年人居室应整洁，地面干燥，物品摆放安全合理，空气无异味。

5.4.2.2　应每日清扫老年人居室，整理老年人个人物品及生活用品；定期更换床上用品及窗帘等，被污染的及时更换；定期清洁老年人居室内电器、家具、玻璃等；定期清洗消毒卫浴设备。

5.4.2.3　应定期对公共区域及设施设备进行清洁和消毒。

5.4.2.4　被污染的物品，应单独清洁、消毒。

5.4.2.5　卫生间、厨房、居室及其他区域的清洁设备、用具应区别使用及消毒。

5.4.2.6　提供清洁服务前及清洁过程中，应在显著位置设置安全提示标识。

5.5　洗涤服务

5.5.1　**服务内容**

洗涤服务内容包括但不限于：老年人衣物、被褥等织物的收集、清洗和消毒。

5.5.2　**服务要求**

5.5.2.1　应配备洗涤设备及固定场所，定期对设备进行消毒，保持洗衣场所环境整洁。

5.5.2.2　应按照不同织物确定收集时间，定期清洗。

5.5.2.3 老年人个人衣物与被褥应分类清洗。

5.5.2.4 被污染的织物，应单独收集、清洗、消毒。

5.5.2.5 应有指定地点收集被污染织物，避免在老年人居住区域清点。

5.5.2.6 应检查洗涤后的织物是否清洗干净、完好无损，并进行清点核对。

5.6 医疗护理服务

5.6.1 服务内容

医疗护理服务内容包括但不限于：常见病多发病诊疗、健康指导、预防保健、康复护理、院内感染控制。

5.6.2 服务要求

5.6.2.1 应对有需要的老年人提供护理服务，包括但不限于：翻身、叩背、尿管管理。

5.6.2.2 应指导老年人使用机构提供的康复辅助器具，包括但不限于轮椅、助行器。

5.6.2.3 应遵医嘱使用约束用具，并与相关第三方签署知情同意书，按操作规范执行。

5.6.2.4 老年人突发疾病时，应及时与相关第三方联系，不能处置的，应立即联系医疗救护机构，并协助做好老年人转诊转院工作。

5.6.2.5 应根据老年人评估结果，签订相应的服药管理协议；提供服药管理服务时，工作人员应核对处方和药品，按照医疗卫生相关部门的规定进行药品发放。

5.6.2.6　应组织老年人开展健康体检，每年不少于1次。

5.6.2.7　老年人Ⅱ度及以上压疮在院新发生率应低于5%。

5.6.2.8　养老机构内设医疗机构，应做到：

a）按照内设医疗机构核准登记的诊疗科目开展诊疗活动；

b）观察老年人生命体征、病情变化、体重变化；

c）开展医疗巡视，发现老年人出现病情变化，做出相应处理；

d）对老年人常见慢病进行监测及健康指导；

e）进行老年人保健和传染病的预防，定期开展卫生知识宣教工作。

5.7　文化娱乐服务

5.7.1　服务内容

文化娱乐服务内容包括但不限于：文化、体育、娱乐、节日及纪念日庆贺活动。

5.7.2　服务要求

5.7.2.1　应每日组织开展1项以上适合老年人生理、心理特点的文化娱乐活动。

5.7.2.2　服务过程中，应密切关注老年人的身体情况，保障老年人安全地进行活动。

5.8　心理/精神支持服务

5.8.1　服务内容

心理/精神支持服务内容包括但不限于：环境适应、情绪疏导、心理支持、危机干预。

5.8.2　服务要求

5.8.2.1　应帮助入住养老机构的老年人熟悉机构环境，融入集体生活。

5.8.2.2　应了解掌握老年人心理和精神状况，发现异常及时与老年人沟通了解，并告知相关第三方。必要时请医护人员、社会工作者等专业人员协助处理或转至医疗机构。

5.8.2.3　应定期组织协调志愿者为老年人提供服务，促进老年人与外界社会接触交往；倡导老年人参与力所能及的志愿活动。

5.8.2.4　应督促相关第三方定期探访老年人，与老年人保持联系。

5.9　安宁服务

5.9.1　服务内容

安宁服务内容包括但不限于：临终关怀、哀伤辅导和后事指导。

5.9.2　服务要求

5.9.2.1　应尊重老年人宗教信仰、民族习惯和个人意愿，帮助老年人安详、有尊严地度过生命终期。

5.9.2.2　宜引导相关第三方接受老年人临终状况，根据需要协助处理老年人后事。

6　管理要求

6.1　服务管理要求

6.1.1　应建立基本管理制度，包括但不限于行政办公制度、人力资源制度、服务管理制度、财务管理制度、安全管理制度、后勤管理制度、评价与改进制度。

6.1.2　应在机构内醒目位置公布服务管理信息，包括但不限于：服务资质、服务管理部门设置、服务管理专业技术人员资质、主要服务项目、收费标准。

6.1.3　应定期评估老年人身体状况和精神状态；老年人身体状况和精神状态发生变化时，应即时评估；应根据评估结果提供相应服务。

6.1.4　应建立老年人人住档案和健康档案，包括但不限于：服务合同、老年人身份证及户口本复印件、病史记录、体检报告及评估报告。老年人健康档案保管期限应不少于老年人出院后5年。

6.1.5　财务、人事、医疗和其他档案的保管期限，应按照国家有关规定执行。

6.1.6　应及时、准确、完整地记录服务过程，并由记录人员签字确认，工作记录保管期限应不少于3年。

6.1.7 应保护老年人及相关第三方信息，未经老年人或相关第三方同意，不应泄露老年人及相关第三方信息。

6.1.8 应设立投诉受理部门，公开投诉电话和负责人电话。

6.2 人力资源管理要求

6.2.1 应明确养老机构工作人员岗位职责。

6.2.2 养老护理员配置应满足服务需求。

6.2.3 应配备专职或兼职安全管理人员，包括但不限于：消防安全管理人员、食品安全管理人员。

6.2.4 养老机构工作人员应掌握相应的知识和技能。养老机构负责人应具有养老服务专业知识，定期参加相关培训；养老护理员应经职业技能培训后上岗；护士应持有护士执业资格证；医生应持有相应的执业资格证书；餐饮人员应持有健康合格证；特种设备管理人员应具备相应上岗资质；其他专业技术技能人员应持与岗位相适应的专业资格证书、执业证书或经过技能培训后上岗。

6.2.5 应定期开展或参加培训，培训内容包括但不限于：以人为本、爱老尊老孝老服务理念、相关政策法规及管理服务技能。

6.2.6 应组织工作人员每年进行1次健康体检，患传染性疾病的工作人员应停止为老年人提供服务。

6.3 环境及设施设备管理要求

6.3.1 老年人居室内床位平均可使用面积不应低于 $6m^2$，单人居室使用面积不低于 $10m^2$。

6.3.2 老年人居室配置的各种设施设备应安全、稳固，若有突出尖锐的阳角应做软包处理，床头、浴室、卫生间应设呼叫装置。

6.3.3 应设置无障碍设施，包括但不限于：无障碍出入口、安全扶手、无障碍卫生间、防滑地面。无障碍设施的设计应符合 GB 50763 的规定。

6.3.4 应设置垃圾专门存放区域，并分类存放、分类管理。

6.3.5 老年人居室内及其他非吸烟区域应禁止吸烟，若有需要，可设立吸烟区域。

6.3.6 应符合公安消防部门相关要求，配备消防设施设备。消防灭火器的配备应符合 GB 50140 的规定。

6.3.7 应设置醒目、易懂的标志。

6.4 安全管理要求

6.4.1 应按照 MZ/T 032—2012 中第 4 章的规定建立安全管理体系，建立健全各项安全管理制度。安全管理制度应包括但不限于：安全责任制度；安全教育制度；安全操作规范或规程；安全检查制度；事故处理与报告制度；突发事件应急预案；考核与奖惩制度。

6.4.2　突发事件应急管理应符合 MZ/T 032—2012 中第 12 章的要求，明确应急管理部门及其责任，制定应急预案，应急预案内容包括但不限于：突发事件类型；组织机构；职责分工；处置原则；处理流程；工作要求。

6.4.3　突发事件类型包括但不限于：火灾；食物中毒；公共卫生事件；自然灾害；老年人自伤、跌倒、噎食、窒息、误吸、走失、烫伤。

6.4.4　养老机构发生意外或可能引发意外的过失行为后，应按要求逐级上报。发生重大疫情，应及时向机构属地疾病预防控制机构报告。

6.4.5　特种设备安全管理应符合 MZ/T 032—2012 中 5.4 的规定，应定期对设施设备进行维护和保养，特种设施设备应设置专人负责管理，定期进行检查，并经有资质的检验机构检验合格后使用。

6.4.6　设施设备安全管理应符合 MZ/T 032—2012 中第 5 章的规定，消防安全设施、器材，每年至少进行 1 次全面检测，确保完好有效。

6.4.7　应每半年至少开展 1 次消防演练和应急预案演练；每季度至少开展 1 次安全教育培训；每月至少组织 1 次防火检查；白天防火巡查、夜间防火巡查每日各不少于 2 次。

7　服务评价与改进

7.1　评价方式

7.1.1　应定期听取老年人及相关第三方的建议和意见，采取设置意见箱、网上收集等方式收集信息。

7.1.2　应定期开展机构内的服务质量检查与考核。

7.1.3　宜采取日常检查、定期检查、不定期抽查、专项检查等方式进行内部评价。每年开展不少于1次的自我检查，并形成检查报告。

7.1.4　应每年开展不少于1次的服务满意度测评，向住院老年人或相关第三方发放满意度调查问卷，并形成分析报告。

7.1.5　宜邀请相关专家或第三方专业机构，对服务质量进行评价。

7.2　评价内容

服务评价的内容包括但不限于：

a）服务项目；

b）服务质量；

c）服务人员；

d）服务满意度；

e）工作记录和归档情况等。

7.3　持续改进

7.3.1　通过召开工作例会、座谈会等相关会议，进行沟通交流，查找问题，分析原因，及时制定整改措施。

7.3.2　工作人员日常工作中发现问题应及时上报相关部门，及时制定整改措施。

养老机构安全管理

（MZ/T 032—2012）

（中华人民共和国民政部2012年3月26日发布　2012年4月1日实施）

目　　次

前　　言

本标准按照 GB/T 1.1—2009 给出的规则起草。

本标准由全国社会福利服务标准化技术委员会（SAC/TC 315）提出并归口。

本标准起草单位：民政部社会福利和慈善事业促进司、中国社会福利协会、民政部社会福利中心、北京市民政局、北京市第五社会福利院。

本标准主要起草人：王素英、冯晓丽、王辉、刘有学、彭嘉琳、田兰宁、雷洋、李绍纯、常华。

养老机构安全管理

1　范围

本标准规定了养老机构的安全管理体系、设备设施安全、食品安全、消防安全、医疗护理安全、人身安全、财产安全、信息安全、突发事件应急管理和安全教育与培训的要求。

本标准适用于养老机构的安全管理。

2 规范性引用文件

下列文件对于本文件的应用是必不可少的。凡是注日期的引用文件，仅注日期的版本适用于本文件。凡是不注日期的引用文件，其最新版本（包括所有的修改单）适用于本文件。

GB 2893—2008 安全色

GB 2894—2008 安全标志及其使用导则

GB 13495—1992 消防安全标志

GB/T 13869—2008 用电安全导则

GB 15630—1995 消防安全标志设置要求

GB/T 28001—2011 职业健康安全管理体系 要求

GB 50016—2006 建筑设计防火规范

GB 50045—1995（2005 版） 高层民用建筑设计防火规范

GB 50140—2005 建筑灭火器配置设计规范

GB 50222—1995 建筑内部装修设计防火规范

GB/T 50340—2003 老年人居住建筑设计标准

GB 50437 城镇老年人设施规划规范

JGJ 50—2001 城市道路和建筑物无障碍设计规范

3 术语和定义

下列术语和定义适用于本文件。

3.1 养老机构 senior care organization

为老年人提供生活照料、膳食、康复、护理、医疗保健等综合性服务的各类组织。

3.2 安全 safety

免除了不可接受的损害风险的状态。

[GB/T 28001—2001，定义 3.16]

3.3 特种设备 special type equipment

涉及生命安全、危险性较大的锅炉、压力容器（含气瓶）、压力管道、电梯等。

注：改写 AQ 7002—2007，定义 3.8。

3.4 职业健康安全 occupational health and safety

影响工作场所内员工、临时工作人员、合同方人员、访问者和其他人员健康和安全的条件和因素。

[GB/T 28001—2001，定义 3.10]

4 安全管理体系

4.1 安全管理部门及职责

养老机构的安全责任人应是机构法定代表人或主要负责

人。养老机构应依法建立安全管理部门，安全管理部门由安全责任人、安全管理人员、相关部门和具体实施安全工作的专（兼）职人员组成，逐级负责本机构的安全管理工作。

4.2　安全管理人员要求及职责

4.2.1　安全管理人员要求

4.2.1.1　养老机构应按照机构总人数及服务内容配置相适应的专（兼）职安全管理人员。

4.2.1.2　安全管理相关工作人员应熟悉国家和地方安全管理相关的法律法规及技术规范，并取得相关部门认可的资格证书，持证上岗，具备必要的组织协调能力和突发事件应变处置能力。

4.2.2　各级安全管理人员职责

4.2.2.1　安全责任人应全面负责本机构的安全工作，依法开展安全管理工作；建立安全管理部门和组织（含义务消防组织）；审查批准安全制度、组织制定并实施安全事故应急预案；定期研究、督导安全问题；及时、如实向上级主管部门报告安全事故。

4.2.2.2　安全管理人员应负责本机构主管范围内的安全工作；负责制定安全管理制度和年度安全工作计划，组织实施日常安全管理工作；督促、落实隐患整改工作；定期向安全责任人报告安全工作情况，及时报告涉及安全的重大问题。

4.3　安全管理制度

4.3.1　养老机构应遵守国家法律法规要求，建立健全各项安全管理制度。制度应包括但不限于：

a）安全责任制度；

b）安全教育制度；

c）安全操作规范或规程；

d）安全检查制度；

e）事故处理与报告制度；

f）突发事件应急预案；

g）考核与奖惩制度。

4.3.2　安全管理制度应明确相关部门及人员的职责、权限、工作内容、工作流程及要求，应建立健全岗位操作规范。

4.4　报告

4.4.1　发生意外或可能引发意外的过失行为后，应按要求逐级上报。

4.4.2　报告程序应符合下列要求：

a）发现设施、服务过程或服务对象存在安全隐患，工作人员应向安全管理人员报告，安全管理人员应及时组织力量采取积极的措施，消除隐患，并向上级报告；

b）发生安全事故后，工作人员应立即向安全管理人员报告，并进行事故详细记录；安全管理人员应迅速向安全责任人报告；安全责任人应按照有关规定及时向上级主管部门和相关行政主管部门报告。

4.4.3 发生重大疫情，应及时向机构属地疾病预防控制机构报告。

5 设备设施安全要求

5.1 消防安全

5.1.1 养老机构建筑在正式投入使用之前，应通过公安消防机关的消防验收。

5.1.2 建筑防火设计应符合 GB 50016—2006 第 5、6、7、8、9、10、11 章的规定或 GB 50045—1995（2005 版）第 3、4、5、6、7、8、9 章的规定。

5.1.3 建筑内部装修设计及使用装修材料的燃烧性能等级，应符合 GB 50222—1995 第 3 章的规定。

5.1.4 应按照 GB 50016—2006 第 8、9、11 章或 GB 50045—1995（2005 版）第 7、8、9 章的规定设置火灾自动报警系统、自动灭火系统或室内外消火栓系统及防排烟设施，并按照 GB 50140—2005 第 3、4、5、6、7 章的规定配置相应的灭火器材。

5.1.5 任何单位、个人不应损坏、挪用或者擅自拆除、停用消防设施、器材，不应埋压、圈占、遮挡消火栓或者占用防火间距，不应占用、堵塞、封闭疏散通道、安全出口、消防车通道。人员密集场所的门窗不应设置影响逃生和灭火救援的障碍物。消防设施、器材应定期组织检验维修，并对消防设施每年至少进行一次全面检测，确保完好有效。

5.1.6　养老机构设置的消防安全标志牌及其照明灯具等应符合 GB 15630—1995 第8章的规定，应定期检查与维修，至少半年检查一次，发现问题应及时修整、更换或重新设置。

5.2　电气安全

5.2.1　养老机构应正确选用各类用电产品的规格型号、容量和保护方式（如过载保护等），不应擅自更改用电产品的结构、原有配置的电气线路以及保护装置的整定值和保护元件的规格等。

5.2.2　选择用电产品应确认其符合产品使用说明书规定的环境要求和使用条件，并根据产品使用说明书的描述，了解使用时可能出现的危险及需采取的预防措施。

5.2.3　电器线路、电气设备的安装应由专业人员实施，安装完成后，依法进行检测。用电产品的安装、使用及维修应符合 GB/T 13869—2008 第6、7 章的规定。

5.3　燃气安全

5.3.1　燃气安全的管理应符合 GB/T 50340—2003 第5 章的要求，使用燃气的设备及场所应设可燃气体报警装置。

5.3.2　养老机构不应私自拆、移、改动燃气表、灶、管道等燃气设施，不应私自安装燃气热水器、取暖器和其他燃气器具。

5.3.3 养老机构选择使用的燃气灶、热水器和壁挂炉等燃气器具应经有资质的检验机构检验合格，并根据产品使用说明书了解产品使用时可能出现的危险及需采取的预防措施。

5.4 特种设备安全

5.4.1 特种设备在投入使用前或者投入使用后30天内，养老机构应向特种设备安全监督管理部门登记。登记标志应置于或者附着于该特种设备的显著位置。

5.4.2 养老机构应对在用特种设备进行经常性日常维护保养，并定期自行检查。应至少每月进行1次自行检查，并做出记录。在自行检查和进行日常维护保养时发现异常情况的，应及时处理。电梯维护单位应至少每15天对养老机构在用电梯进行1次清洁、润滑、调整和检查，并作记录。

5.4.3 养老机构应指定机构对在用特种设备进行定期检验。在安全检验合格有效期届满前1个月应向特种设备检验检测机构提出定期检验要求。未经定期检验或者检验不合格的特种设备，不应继续使用。

5.5 健身器材安全

5.5.1 健身器材的安全注意事项和警示标志应设置在活动区显著位置。

5.5.2　养老机构应定期对在用健身器材进行清洁、润滑、调整、检查并维护，并作记录。发现情况异常，应及时处理。

5.6　建筑安全

5.6.1　养老机构的选址及规划布局应符合 GB/T 50340—2003 和 GB 50437 的要求。

5.6.2　养老机构应有无障碍设计，无障碍设计应符合 JGJ 50—2001 第 5、6、7 章的内容要求。

5.6.3　养老机构应对本机构建筑设施进行定期维保。

5.7　安全标志

5.7.1　养老机构应对存在较大危险因素的部位和有关设备、设施设置安全标志。安全标志牌的型号选用、设置高度、使用要求应符合 GB 2894—2008 第 7、8、9 章的规定，安全标志的颜色表征应符合 GB 2893—2008 第 4 章的要求，便于服务对象及社会公众识别。

5.7.2　养老机构应对安全标志牌至少每半年检查一次，如发现有破损、变形、褪色等不符合要求的应及时修整或更换。

5.7.3　养老机构中的消防安全标志应符合 GB 13495—1992 第 3、4 章的规定，消防安全标志的设置原则与设置要求应符合 GB 15630—1995 第 5、6 章的规定。

5.7.4　养老机构中的应急设备安全标志与设置应符合 GB

2894—2008 第 6 章中的规定。对在紧急情况下使用的通信设备（这种通信设备应设在每个呼叫点和电话机所在位置）应使用安全标志醒目地标示，对设备的背景区域应标记或照亮。

5.7.5　养老机构的安全出口、疏散走道和楼梯口应设置灯光疏散指示标志，疏散指示标志应设在安全门顶部或疏散走道及其转角处距地面高度 1 米以下的墙面上，且疏散指示标志的间距不应大于 20 米。同时在疏散走道的地面应设置蓄光型疏散导流标志，并保证疏散导流标志视觉连续。在走廊通道墙面明显处设置疏散路线示意图。

5.7.6　安全玻璃门、玻璃墙应有警示标志并设置在显著位置。

5.8　监控设备

5.8.1　养老机构应设置监控设备，做到重点公共区域全覆盖。

5.8.2　设置监控系统的养老机构应有监控系统控制室，并应有专（兼）职人员 24 小时值班；值班人员要坚守岗位，做好运行和值班记录，执行交接班制度。控制室的入口处应设置明显标志。

5.9　其　他

养老机构应明确设备设施安全使用注意事项，并在显著位置公示。

6　食品安全要求

6.1　养老机构应遵守国家食品安全相关法律法规和食品安全标准的要求。

6.2　建立健全食品安全管理制度，采取有效的管理措施，保证食品安全。

7　消防安全要求

7.1　养老机构应遵守国家消防安全相关法律法规要求，建立相应的消防安全管理制度。

7.2　应按照《中华人民共和国消防法》的规定建立消防安全定期检查、自查自纠及第三方评估制度。对日常消防安全管理进行安全评价，并实施有效监控。

8　医疗护理安全要求

8.1　养老机构内设的医疗机构应遵守国家医疗安全相关法律法规要求，依照卫生部门的规定，建立相应的医疗护理安全管理制度，对护理照料、医疗等重点安全问题进行监控。

8.2　养老机构内设的医疗机构应接受卫生部门定期的监督检查。

9　人身安全要求

9.1　养老机构应遵守国家相关法律法规要求，建立相应的人身安全管理制度。对故意伤害、走失、交通安全等重点安全问题进行监控。

9.2　养老机构应对生活照料、日常管理、服务活动中涉及到的有关人身安全问题进行安全评价，并实施有效监控和防范。

10　财产安全要求

养老机构应遵守国家相关法律法规要求，建立相应的财产安全管理制度。对偷窃等重点安全问题进行有效监控和防范。

11　信息安全要求

11.1　养老机构应建立各类信息、档案资料保管制度。

11.2　应严守国家保密法和保密守则，不泄密。不外泄个人隐私。

11.3　信息应包括机构内部形成和采集的文字信息（包括老年人健康档案、管理工作档案等）、图片信息、影像信息等。收集的信息应符合真实性、准确性、全面性、时效性的原则。

11.4　应有专（兼）职人员负责信息管理，各类信息经过筛选和整理后，应当分类保存。重要的照片、影像等信息资料应采用适当的媒介保存。

11.5　养老机构的管理、服务活动应有效地利用相关信息，作为工作的参考依据。

12　突发事件应急管理要求

12.1　应急管理部门及其责任

12.1.1　应急处置责任人应由养老机构的安全责任人担任。

12.1.2　养老机构的安全管理部门负责组织、协调应急处置工作，担负信息汇总上传和综合协调的职责。

12.2　应急预案

12.2.1　养老机构应制订应对自然灾害、事故灾难、公共卫生事件、社会安全事件等突发事件的应急预案，并结合本机构实际情况制订处置专项突发事件应急预案，宜包括火灾处理预案、食物中毒处置预案、传染病处置预案以及机构认为有必要制订的其他预案。

12.2.2　应急预案的内容应至少包括：

a）指导思想；

b）组织机构；

c）职责分工；

d）处置原则；

e）预案等级；

f）处置程序；

g）工作要求。

12.2.3 养老机构内全体工作人员应掌握应急预案内容并履行应急预案规定的岗位职责。

12.2.4 应急预案应至少每半年进行一次演练。

12.2.5 各类应急预案应根据实际情况变化不断补充、完善。

12.3 运行机制

12.3.1 监测与预警

12.3.1.1 应建立统一的安全突发事件监测、预警制度，完善监测、预警机制，加强对监测工作的管理和监督，保证监测质量。

12.3.1.2 养老机构的安全管理部门应对可能发生的突发事件进行分析，按照应急预案的程序及时研究应对措施，做好应急准备。

12.3.2 报告

12.3.2.1 养老机构应建立健全突发事件报告制度。应按照突发事件报告的相关规定逐级报告。事件发生后，现场有关人员应立即报告安全管理人员或安全责任人，安全责任人接到报告后，应按照相关规定立即向上级主管部门及当地政府报告。特别重大或者重大突发事件发生后最迟不得超过 4 小时。应急处置过程中，要及时续报有关情况。

12. 3. 2. 3　对重大突发事件不应瞒报、迟报、谎报或者授意他人瞒报、谎报，不应阻止他人报告。

12. 3. 3　**信息发布**

突发事件的信息发布应当及时、准确、客观、全面。

12. 3. 4　**应急处置**

12. 3. 4. 1　养老机构安全管理部门应及时对突发事件的有关信息进行筛选、整理、评估，由安全责任人按照《国家突发公共事件总体应急预案》的分类分级规定，依级启动预案。

12. 3. 4. 2　重大级别以下突发事件应急处置工作由本机构安全管理部门负责组织实施。超出本级应急处置能力时，要及时报请上级安全管理部门提供指导和支持。

12. 3. 4. 3　突发事件得到有效处置、事态平息后，经组织专家论证后，安全管理部门根据突发事件处置情况终止预案。

12. 3. 5　**评估与改进**

应急处置结束后，养老机构安全管理部门对原应急预案进行评估和完善，修订后的预案应报主管部门备案。

13　安全教育与培训要求

13. 1　**安全教育与培训内容至少应包括：**

a）安全工作涉及的法律法规和规章；

b）本部门或岗位的安全管理制度和操作规范或规程；

c）设备设施、工具和劳动防护用品的使用、维护和保养知识；

d）安全事故的防范意识、应急措施和自救互救知识；

e）应急预案的演练；

f）法律法规规定的其他内容。

13.2 教育与培训的组织实施应符合下列要求：

a）安全责任人负责对安全管理人员的教育和培训，使之全面掌握养老机构安全监测、控制、管理的理论、专业知识和技能，并能指导实际工作；

b）安全管理人员应组织本机构工作人员的安全教育和培训，使之掌握安全知识和相关安全技能；应对老年人进行重点安全问题预防知识教育；

c）可采取多种形式进行安全教育和培训；

d）应对教育和培训效果进行检查和考核。

13.3 接受教育与培训的人员应包括：

a）安全责任人、安全管理人员，每年应接受在岗安全教育与培训；

b）新员工，上岗前应接受岗前安全教育与培训，并做好培训记录；

c）换岗、离岗6个月以上的，以及采用新技术或者使用新设备的，均应接受岗前安全教育与培训。

13.4　养老机构应定期对工作人员进行职业病防范、工作防护的安全教育，应符合 GB/T 28001—2001 中的要求。

13.5　养老机构应对新员工或换岗人员进行上岗前职业健康安全教育，应符合 GB/T 28001—2001 中的要求。

参考文献

[1] 特种设备安全监察条例（2009 修正）　2009 年 1 月 14 日

[2] 国家突发公共事件总体应急预案　2006 年 1 月 8 日

[3] 社会福利机构管理暂行办法　中华人民共和国民政部 1999 年 12 月 30 日

[4] AQ 7002—2007 纺织工业企业安全管理规范

养老机构管理办法

（中华人民共和国民政部令第 66 号　2020 年 9 月 1 日）

《养老机构管理办法》已经 2020 年 8 月 21 日民政部部务会议通过，现予公布，自 2020 年 11 月 1 日起施行。

第一章　总　　则

第一条　为了规范对养老机构的管理，促进养老服务健康发展，根据《中华人民共和国老年人权益保障法》和有关法律、行政法规，制定本办法。

第二条　本办法所称养老机构是指依法办理登记，为老年人提供全日集中住宿和照料护理服务，床位数在10张以上的机构。

养老机构包括营利性养老机构和非营利性养老机构。

第三条　县级以上人民政府民政部门负责养老机构的指导、监督和管理。其他有关部门依照职责分工对养老机构实施监督。

第四条　养老机构应当按照建筑、消防、食品安全、医疗卫生、特种设备等法律、法规和强制性标准开展服务活动。

养老机构及其工作人员应当依法保障收住老年人的人身权、财产权等合法权益。

第五条　入住养老机构的老年人及其代理人应当遵守养老机构的规章制度，维护养老机构正常服务秩序。

第六条　政府投资兴办的养老机构在满足特困人员集中供养需求的前提下，优先保障经济困难的孤寡、失能、高龄、计划生育特殊家庭等老年人的服务需求。

政府投资兴办的养老机构，可以采取委托管理、租赁经营等方式，交由社会力量运营管理。

第七条　民政部门应当会同有关部门采取措施，鼓励、支持企业事业单位、社会组织或者个人兴办、运营养老机构。

鼓励自然人、法人或者其他组织依法为养老机构提供捐赠和志愿服务。

第八条　鼓励养老机构加入养老服务行业组织，加强行业自律和诚信建设，促进行业规范有序发展。

第二章　备案办理

第九条　设立营利性养老机构，应当在市场监督管理部门办理登记。设立非营利性养老机构，应当依法办理相应的登记。

养老机构登记后即可开展服务活动。

第十条　营利性养老机构办理备案，应当在收住老年人后10个工作日以内向服务场所所在地的县级人民政府民政部门提出。非营利性养老机构办理备案，应当在收住老年人后10个工作日以内向登记管理机关同级的人民政府民政部门提出。

第十一条　养老机构办理备案，应当向民政部门提交备案申请书、养老机构登记证书、符合本办法第四条要求的承诺书等材料，并对真实性负责。

备案申请书应当包括下列内容：

（一）养老机构基本情况，包括名称、住所、法定代表人或者主要负责人信息等；

（二）服务场所权属；

（三）养老床位数量；

（四）服务设施面积；

（五）联系人和联系方式。

民政部门应当加强信息化建设，逐步实现网上备案。

第十二条　民政部门收到养老机构备案材料后，对材料齐全的，应当出具备案回执；材料不齐全的，应当指导养老机构补正。

第十三条　已经备案的养老机构变更名称、法定代表人或者主要负责人等登记事项，或者变更服务场所权属、养老床位数量、服务设施面积等事项的，应当及时向原备案民政部门办理变更备案。

养老机构在原备案机关辖区内变更服务场所的，应当及时向原备案民政部门办理变更备案。营利性养老机构跨原备案机关辖区变更服务场所的，应当及时向变更后的服务场所所在地县级人民政府民政部门办理备案。

第十四条　民政部门应当通过政府网站、政务新媒体、办事大厅公示栏、服务窗口等途径向社会公开备案事项及流程、材料清单等信息。

民政部门应当依托全国一体化在线政务服务平台，推进登记管理机关、备案机关信息系统互联互通、数据共享。

第三章　服务规范

第十五条　养老机构应当建立入院评估制度，对老年人的身心状况进行评估，并根据评估结果确定照料护理等级。

老年人身心状况发生变化，需要变更照料护理等级的，养老机构应当重新进行评估。

养老机构确定或者变更老年人照料护理等级，应当经老年人或者其代理人同意。

第十六条　养老机构应当与老年人或者其代理人签订服务协议，明确当事人的权利和义务。

服务协议一般包括下列条款：

（一）养老机构的名称、住所、法定代表人或者主要负责人、联系方式；

（二）老年人或者其代理人和紧急联系人的姓名、住址、身份证明、联系方式；

（三）照料护理等级和服务内容、服务方式；

（四）收费标准和费用支付方式；

（五）服务期限和场所；

（六）协议变更、解除与终止的条件；

（七）暂停或者终止服务时老年人安置方式；

（八）违约责任和争议解决方式；

（九）当事人协商一致的其他内容。

第十七条　养老机构按照服务协议为老年人提供生活照料、康复护理、精神慰藉、文化娱乐等服务。

第十八条　养老机构应当为老年人提供饮食、起居、清洁、卫生等生活照料服务。

养老机构应当提供符合老年人住宿条件的居住用房，并配备适合老年人安全保护要求的设施、设备及用具，定期对老年人的活动场所和物品进行消毒和清洗。

养老机构提供的饮食应当符合食品安全要求、适宜老年人食用、有利于老年人营养平衡、符合民族风俗习惯。

第十九条　养老机构应当为老年人建立健康档案，开展日常保健知识宣传，做好疾病预防工作。养老机构在老年人突发危重疾病时，应当及时转送医疗机构救治并通知其紧急联系人。

养老机构可以通过设立医疗机构或者采取与周边医疗机构合作的方式，为老年人提供医疗服务。养老机构设立医疗机构的，应当按照医疗机构管理相关法律法规进行管理。

第二十条　养老机构发现老年人为传染病病人或者疑似传染病病人的，应当及时向附近的疾病预防控制机构或者医疗机构报告，配合实施卫生处理、隔离等预防控制措施。

养老机构发现老年人为疑似精神障碍患者的，应当依照精神卫生相关法律法规的规定处理。

第二十一条　养老机构应当根据需要为老年人提供情绪疏导、心理咨询、危机干预等精神慰藉服务。

第二十二条　养老机构应当开展适合老年人的文化、教育、体育、娱乐活动，丰富老年人的精神文化生活。

养老机构开展文化、教育、体育、娱乐活动时，应当为老年人提供必要的安全防护措施。

第二十三条　养老机构应当为老年人家庭成员看望或者问

候老年人提供便利，为老年人联系家庭成员提供帮助。

第二十四条　鼓励养老机构运营社区养老服务设施，或者上门为居家老年人提供助餐、助浴、助洁等服务。

第四章　运营管理

第二十五条　养老机构应当按照国家有关规定建立健全安全、消防、食品、卫生、财务、档案管理等规章制度，制定服务标准和工作流程，并予以公开。

第二十六条　养老机构应当配备与服务和运营相适应的工作人员，并依法与其签订聘用合同或者劳动合同，定期开展职业道德教育和业务培训。

养老机构中从事医疗、康复、消防等服务的人员，应当具备相应的职业资格。

养老机构应当加强对养老护理人员的职业技能培训，建立健全体现职业技能等级等因素的薪酬制度。

第二十七条　养老机构应当依照其登记类型、经营性质、运营方式、设施设备条件、管理水平、服务质量、照料护理等级等因素合理确定服务项目的收费标准，并遵守国家和地方政府价格管理有关规定。

养老机构应当在醒目位置公示各类服务项目收费标准和收费依据，接受社会监督。

第二十八条　养老机构应当实行 24 小时值班，做好老年人安全保障工作。

养老机构应当在各出入口、接待大厅、值班室、楼道、食堂等公共场所安装视频监控设施，并妥善保管视频监控记录。

第二十九条　养老机构内设食堂的，应当取得市场监督管理部门颁发的食品经营许可证，严格遵守相关法律、法规和食品安全标准，执行原料控制、餐具饮具清洗消毒、食品留样等制度，并依法开展食堂食品安全自查。

养老机构从供餐单位订餐的，应当从取得食品生产经营许可的供餐单位订购，并按照要求对订购的食品进行查验。

第三十条　养老机构应当依法履行消防安全职责，健全消防安全管理制度，实行消防工作责任制，配置消防设施、器材并定期检测、维修，开展日常防火巡查、检查，定期组织灭火和应急疏散消防安全培训。

养老机构的法定代表人或者主要负责人对本单位消防安全工作全面负责，属于消防安全重点单位的养老机构应当确定消防安全管理人，负责组织实施本单位消防安全管理工作，并报告当地消防救援机构。

第三十一条　养老机构应当依法制定自然灾害、事故灾难、公共卫生事件、社会安全事件等突发事件应急预案，在场所内配备报警装置和必要的应急救援设备、设施，定期开展突发事件应急演练。

突发事件发生后，养老机构应当立即启动应急预案，采取防止危害扩大的必要处置措施，同时根据突发事件应对管理职责分工向有关部门和民政部门报告。

第三十二条　养老机构应当建立老年人信息档案，收集和妥善保管服务协议等相关资料。档案的保管期限不少于服务协议期满后五年。

养老机构及其工作人员应当保护老年人的个人信息和隐私。

第三十三条　养老机构应当按照国家有关规定接受、使用捐赠、资助。

鼓励养老机构为社会工作者、志愿者在机构内开展服务提供便利。

第三十四条　鼓励养老机构投保责任保险，降低机构运营风险。

第三十五条　养老机构因变更或者终止等原因暂停、终止服务的，应当在合理期限内提前书面通知老年人或者其代理人，并书面告知民政部门。

老年人需要安置的，养老机构应当根据服务协议约定与老年人或者其代理人协商确定安置事宜。民政部门应当为养老机构妥善安置老年人提供帮助。

养老机构终止服务后，应当依法清算并办理注销登记。

第五章　监督检查

第三十六条　民政部门应当加强对养老机构服务和运营的

监督检查，发现违反本办法规定的，及时依法予以处理并向社会公布。

民政部门在监督检查中发现养老机构存在应当由其他部门查处的违法违规行为的，及时通报有关部门处理。

第三十七条　民政部门依法履行监督检查职责，可以采取以下措施：

（一）向养老机构和个人了解情况；

（二）进入涉嫌违法的养老机构进行现场检查；

（三）查阅或者复制有关合同、票据、账簿及其他有关资料；

（四）发现养老机构存在可能危及人身健康和生命财产安全风险的，责令限期改正，逾期不改正的，责令停业整顿。

民政部门实施监督检查时，监督检查人员不得少于 2 人，应当出示执法证件。

对民政部门依法进行的监督检查，养老机构应当配合，如实提供相关资料和信息，不得隐瞒、拒绝、阻碍。

第三十八条　对已经备案的养老机构，备案民政部门应当自备案之日起 20 个工作日以内进行现场检查，并核实备案信息；对未备案的养老机构，服务场所所在地的县级人民政府民政部门应当自发现其收住老年人之日起 20 个工作日以内进行现场检查，并督促及时备案。

民政部门应当每年对养老机构服务安全和质量进行不少于一次的现场检查。

第三十九条　民政部门应当采取随机抽取检查对象、随机选派检查人员的方式对养老机构实施监督检查。抽查情况及查处结果应当及时向社会公布。

民政部门应当结合养老机构的服务规模、信用记录、风险程度等情况，确定抽查比例和频次。对违法失信、风险高的养老机构，适当提高抽查比例和频次，依法依规实施严管和惩戒。

第四十条　民政部门应当加强对养老机构非法集资的防范、监测和预警工作，发现养老机构涉嫌非法集资的，按照有关规定及时移交相关部门。

第四十一条　民政部门应当充分利用信息技术手段，加强对养老机构的监督检查，提高监管能力和水平。

第四十二条　民政部门应当定期开展养老服务行业统计工作，养老机构应当及时准确报送相关信息。

第四十三条　养老机构应当听取老年人或者其代理人的意见和建议，发挥其对养老机构服务和运营的监督促进作用。

第四十四条　民政部门应当畅通对养老机构的举报投诉渠道，依法及时处理有关举报投诉。

第四十五条　民政部门发现个人或者组织未经登记以养老机构名义开展活动的，应当书面通报相关登记管理机关，并配合做好查处工作。

第六章　法律责任

第四十六条　养老机构有下列行为之一的，由民政部门责令改正，给予警告；情节严重的，处以3万元以下的罚款：

（一）未建立入院评估制度或者未按照规定开展评估活动的；

（二）未与老年人或者其代理人签订服务协议，或者未按照协议约定提供服务的；

（三）未按照有关强制性国家标准提供服务的；

（四）工作人员的资格不符合规定的；

（五）利用养老机构的房屋、场地、设施开展与养老服务宗旨无关的活动的；

（六）未依照本办法规定预防和处置突发事件的；

（七）歧视、侮辱、虐待老年人以及其他侵害老年人人身和财产权益行为的；

（八）向负责监督检查的民政部门隐瞒有关情况、提供虚假材料或者拒绝提供反映其活动情况真实材料的；

（九）法律、法规、规章规定的其他违法行为。

养老机构及其工作人员违反本办法有关规定，构成违反治安管理行为的，依法给予治安管理处罚；构成犯罪的，依法追究刑事责任。

第四十七条 民政部门及其工作人员在监督管理工作中滥用职权、玩忽职守、徇私舞弊的，对直接负责的主管人员和其他责任人员依法依规给予处分；构成犯罪的，依法追究刑事责任。

第七章　附　　则

第四十八条　国家对农村五保供养服务机构的管理有特别规定的，依照其规定办理。

第四十九条　本办法自 2020 年 11 月 1 日起施行。2013 年 6 月 28 日民政部发布的《养老机构管理办法》同时废止。

本书相关法律、司法解释、法规、标准

一、法律

1.《中华人民共和国民法通则》（已废止）

2.《中华人民共和国合同法》（已废止）

3.《中华人民共和国民法典》（2021 年 1 月 1 日起实施）

4.《中华人民共和国消费者权益保护法（2013 年修正）》（1994 年 1 月 1 日起实施）

5.《中华人民共和国老年人权益保障法（2018 年修正）》（1996 年 10 月 1 日起实施）

6.《中华人民共和国安全生产法（2021 年修正）》（2021 年 9 月 1 日起实施）

7.《中华人民共和国突发事件应对法》（2007 年 11 月 1 日起实施）

8.《中华人民共和国刑法修正案（七）》（2009 年 2 月 28 日起实施）

9.《中华人民共和国消防法（2019 年修正）》（2009 年 5 月 1 日起实施）

10.《中华人民共和国侵权责任法》（已废止）

11.《中华人民共和国精神卫生法（2018 年修正）》（2013

年 5 月 1 日起实施)

12.《中华人民共和国网络安全法》(2017 年 6 月 1 日起实施)

13.《中华人民共和国标准化法》(2018 年 1 月 1 日起实施)

二、司法解释

14.《最高人民法院关于审理人身损害赔偿案件适用法律若干问题的解释》(2004 年 5 月 1 日起实施)

15.《最高人民法院关于适用〈中华人民共和国民事诉讼法〉的解释》(2015 年 2 月 4 日起实施)

16.《最高人民法院、最高人民检察院关于办理侵犯公民个人信息刑事案件适用法律若干问题的解释》(2017 年 6 月 1 日起实施)

17.《最高人民法院关于民事诉讼证据的若干规定》(2020 年 5 月 1 日起实施)

三、行政法规

18.《麻醉药品和精神药品管理条例(2016 年修订)》(2005 年 11 月 1 日起实施)

四、地方性法规

19.《杭州市公共场所控制吸烟条例》(2019 年 1 月 1 日起施行)

五、部门规章

20.《强制性国家标准管理办法》(2020 年 6 月 1 日起施行)

21.《养老机构管理办法》(2020 年 11 月 1 日起施行)

六、规范性文件

22.《110 接处警工作规则》（2003 年 4 月 30 日发布）

23.《国家突发公共事件总体应急预案》（2006 年 1 月 8 日发布）

24.《突发事件应急预案管理办法》（2013 年 10 月 25 日发布）

25.《养老服务标准体建设指南》（2017 年 8 月 24 日发布）

26.《“十三五”国家老龄事业发展和养老体系建设规划》（2017 年 2 月 28 日发布）

27.《严重精神障碍管理治疗工作规范（2018 年版）》（2018 年 5 月 28 日发布）

28.《养老护理员国家职业技能标准》（2019 年 9 月 25 日起颁布施行）

29.《养老服务市场失信联合惩戒对象名单管理办法（试行）》（2020 年 6 月 1 日起施行）

30. 民政部、国家标准化管理委员会、商务部、国家质量监督检验检疫总局、全国老龄工作委员会办公室《关于加强养老服务标准化工作的指导意见》（2014 年 1 月 26 日发布）

31. 人力资源社会保障部《关于公布国家职业资格目录的通知》（2017 年 9 月 12 日发布）

32. 杭州市人民政府办公厅《关于贯彻实施〈杭州市公共场所控制吸烟条例〉的通知》（2019 年 1 月 27 日发布）

33. 民政部、住房和城乡建设部、国家卫生健康委、应急管理部、市场监管总局《关于做好2020年养老院服务质量建设专项行动工作的通知》（2020年4月22日发布）

34. 人力资源社会保障部办公厅《关于做好水平评价类技能人员职业资格退出目录有关工作的通知》（2020年7月20日发布）

35. 民政部、中央政法委、最高人民法院、最高人民检察院、公安部、司法部《关于规范养老机构服务行为 做好服务纠纷处理工作的意见》（2020年7月29日发布）

七、国家标准

36.《民用建筑设计通则》（GB 50352—2005，2005年7月1日起实施）

37.《安全色》（GB 2893—2008，2009年10月1日起实施）

38.《安全标志及其使用导则》（GB 2894—2008，2009年10月1日起实施）

39.《康复训练器械 安全通用要求》（GB 24436—2019，2009年12月1日起实施）

40.《无障碍设计规范》（GB 50763—2012，2012年9月1日起实施）

41.《养老设施建筑设计规范》（GB 50867—2013，2014年5月1日起实施）

42.《建筑设计防火规范（2018年修订）》（GB 50016—

2014，2015 年 5 月 1 日起实施）

43.《养老机构服务安全基本规范》（GB 38600—2019，2022 年 1 月 1 日起实施）

44.《标准化工作导则 第 1 部分：标准的结构和编写》（GB/T 1.1—2009，2010 年 1 月 1 日起实施，2020 年 10 月 1 日起失效）

45.《养老机构服务质量基本规范》（GB/T 35796—2017，2017 年 12 月 29 日起实施）

46.《养老机构等级划分与评定》（GB/T 37276—2018，2019 年 7 月 1 日起实施）

47.《标准化工作导则 第 1 部分：标准化文件的结构和起草规则》（GB/T 1.1—2020，2020 年 10 月 1 日起实施）

八、行业标准

48.《老年人照料设施建筑设计标准》（JGJ 450—2018，2008 年 10 月 1 日起实施）

49.《医院医用织物洗涤消毒技术规范》（WS/T 508—2016，2017 年 6 月 1 日起实施）

50.《医院病房床单元设施》（WS/T 653—2019，2020 年 5 月 1 日起实施）

51.《养老机构安全管理》（MZ/T 032—2012，2012 年 4 月 1 日起实施）

52.《老年人能力评估》（MZ/T 039—2013，2013 年 10 月 1 日起实施）

53.《社会工作方法 个案工作》（MZ/T 094—2017，2017年12月29日起实施）

54.《养老服务常用图形符号及标志》（MZ/T 131—2019，2019年12月12日起实施）

55.《养老机构预防压疮服务规范》（MZ/T 132—2019，2019年12月12日起实施）

九、地方标准

56.《老年照护等级评估要求》（DB11/T 684—2013，2013年5月1日起实施）

57.《养老机构老年人健康评估规范》（DB11/T 305—2014，2014年9月1日起实施）

参考文献

1. 江平：《侵权行为法研究》，中国民主法制出版社 2004 年版。

2. 程啸：《侵权责任法》，法律出版社 2015 年版。

3. 刘德权、王松：《最高人民法院司法观点集成：新编版》，中国法制出版社 2017 年版。

4. 何君、田源：《侵权赔偿纠纷裁判思路与裁判规则》，中国法制出版社 2017 年版。

5. 周江洪：《服务合同研究》，法律出版社 2010 年版。

6. 吴江水：《完美的防范：法律风险管理中的识别、评估与解决方案》，北京大学出版社 2010 年版。

7. 雷霆：《合同审查精要与实务指南》，法律出版社 2018 年版。

8. 李杰、李宗胜：《合同审查的思维与方法：风险控制与动态监管解决之道》，法律出版社 2016 年版。

9. 贾素平：《养老机构管理与运营实务》，南开大学出版社 2014 年版。

10. 贾晓海、侯姝：《中国养老机构经营风险管理》，上海社会科学学院出版社 2014 年版。

11. 赵青航：《民办非企业单位法律制度研究：以民办养老机构的发展现状为素材》，浙江人民出版社 2011 年版。

12. 陈雪萍、姚蕴伍、杜丽萍：《养老机构老年护理服务规范和评价标准》，浙江大学出版社 2011 年版。

13. 陈卓颐：《实用养老机构管理》，天津大学出版社 2009 年版。

14. 郭清、黄元龙、汪胜：《老年服务与管理概论》，浙江大学出版社 2015 年版。

15. 李传福：《养老机构经营管理实用手册》，上海世界图书出版公司 2015 年版。

16. 许虹、李冬梅：《养老机构管理》，浙江大学出版社 2015 年版。

17. 唐靖一、冯建光：《养老机构管理规章制度》，上海科技教育出版社 2019 年版。

18. 张彩霞、宋君玲、程巍、钟仕雄：《养老机构为老服务中的法律风险防范与控制》，中南大学出版社 2017 年版。

19. 高澍苹：《养老服务机构院长实务培训》，中国社会出版社、中国劳动社会保障出版社、北京大学医学院出版社 2015 年版。

20. 汤慧敏：《养老机构服务质量控制实用手册》，上海科技教育出版社 2019 年版。

21. 唐靖一、冯建光：《养老机构院长管理操作手册》，上海科技教育出版社 2019 年版。

后 记

从萌发写这本小书的想法开始到现在，大半年过去了，可以说是边写边讲、边讲边写。这本书中条文解析、案例评析的部分内容，我已在多次受邀为养老机构负责人进行培训的时候做了分享，每次分享之后又进行了优化完善。我每次做分享时都希望是“知无不讲，讲无不尽”，能给养老人一些启发或者带来些许的思考，对养老机构的管理有些许帮助。同样地，在写这本书时，也希望能做到“知无不写，写无不尽”，能把我们根据法律规定所思所想的内容都展现给读者。其中有些内容可能失之偏颇，仅供读者斟酌考虑。

能在养老服务业法律服务领域不断前行，需要感谢在养老服务领域持续做贡献的专家、领导、院长，是他们的奉献精神感动着我。养老事业看似朝阳，身在其中的养老人才知道其间的困扰与艰难。养老人有的已经年近八旬，还在养老的路上攀爬奋进，他们说“那么多人要养老怎么办？只要还能动，就要继续为养老事业工作”；有的兄弟姐妹齐上阵，保自己管理的一方小院平安；民政部门领导夜以继日研究新政策、新问题，促进养老服务业发展，争取老年人都能身有所安。

“诚诚实实做律师，踏踏实实做服务。”我们将继续深耕养老服务领域的法律服务，做好分内之事，以法律为工具，与全国的养老人一道，服务全国的亿万老年人！希望有更多的人关注养老服务领域，愿意为养老服务业的发展做贡献。

本书得以及时出版，要感谢张晏博实习律师高效的整理工作，更要感谢中国法制出版社王熹编辑、赵律玮编辑细致、专业的指导与帮助。

谨以此书献给那些为养老事业奉献自我的养老人！

您在阅读本书时有任何需要或疑问，可以与我们联系。电话（同微信号）：13819174456；电子邮箱：hou. erpeng@ dentons. cn。

图书在版编目（CIP）数据

养老机构服务安全基本规范释解与案例 / 侯二朋著
. —北京：中国法制出版社，2021. 10
ISBN 978 - 7 - 5216 - 2140 - 2

Ⅰ. ①养… Ⅱ. ①侯… Ⅲ. ①养老院 - 社会服务 - 行政法 - 法律适用 - 中国②养老院 - 社会服务 - 行政法 - 案例 - 中国 Ⅳ. ①D922. 182. 15

中国版本图书馆 CIP 数据核字（2021）第 176025 号

策划编辑　王熹
责任编辑　王熹　　　封面设计　李宁

养老机构服务安全基本规范释解与案例
YANGLAO JIGOU FUWU ANQUAN JIBEN GUIFAN SHIJIE YU ANLI

著者/侯二朋
经销/新华书店
印刷/三河市国英印务有限公司
开本/880 毫米 ×1230 毫米　32 开　　印张/ 10. 875　字数/ 163 千
版次/2021 年 10 月第 1 版　　2021 年 10 月第 1 次印刷

中国法制出版社出版
书号 ISBN 978 - 7 - 5216 - 2140 - 2　　定价：45. 00 元

北京市西城区西便门西里甲 16 号西便门办公区
邮政编码：100053　　传真：010 - 63141852
网址：http：//www. zgfzs. com　　**编辑部电话：010 - 63141795**
市场营销部电话：010 - 63141612　　**印务部电话：010 - 63141606**

（如有印装质量问题，请与本社印务部联系。）